礼仪实训教程

主编 苏唯珂

苏州大学出版社

图书在版编目(CIP)数据

礼仪实训教程/苏唯珂主编. —苏州:苏州大学出版社,2015.8(2022.7重印)

ISBN 978-7-5672-1450-7

Ⅰ. ①礼… Ⅱ. ①苏… Ⅲ. ①礼仪-高等职业教育-教材 Ⅳ. ①K891.26

中国版本图书馆 CIP 数据核字(2015)第 190644 号

礼仪实训教程

苏唯珂 主编

责任编辑 张 希

苏州大学出版社出版发行
(地址:苏州市十梓街1号 邮编:215006)
广东虎彩云印刷有限公司印装
(地址:东莞市虎门镇北栅陈村工业区 邮编:523898)

开本 787 mm × 1 092 mm 1/16 印张 11.25 字数 282 千
2015 年 8 月第 1 版 2022 年 7 月第 6 次印刷
ISBN 978-7-5672-1450-7 定价:32.00 元

苏州大学版图书若有印装错误,本社负责调换
苏州大学出版社营销部 电话:0512-67481020
苏州大学出版社网址 http://www.sudapress.com

编写说明

礼仪是文明的表现。今日讲究礼仪的学生,明日文明国家之栋梁。《礼仪实训教程》将面向全体学生,使学生不仅能够获得基本的文明礼仪常识,培养高尚的道德情操,养成良好的个性品质,而且能够系统地学习与自己专业相关的行业服务礼仪知识,受到良好礼仪规范的熏陶教育,为将来成为行业有用之才奠定良好的基础。

本教材内容架构科学合理,结构严谨,应用范围广,情景模拟实操性强。将礼仪理论知识和实操知识相结合,从实操案例和礼仪故事入手,并针对高职学生走向社会从业所必需的礼仪规范和应对技巧进行了全面介绍。本教材共分为修养篇、行业篇和实操篇三大部分,其中行业篇又由酒店礼仪、导游礼仪、金融服务礼仪、商务礼仪和表演艺术礼仪五大项目组成,分别对相关行业的礼仪规范进行了演示性的介绍,为塑造从业人员优秀的个人形象和良好的企业形象提供了可实际操作的行为指南。

本教材由苏州旅游与财经高等职业技术学校苏唯珂主编,由学校礼仪教育中心负责编写:苏唯珂对全书的编写进行了具体的指导并执笔实操篇,张树韫执笔修养篇,朱勇、龚雯燕、陈丹彤、杜娟和刘广予分别执笔酒店礼仪、导游礼仪、金融礼仪、商务礼仪和表演礼仪等行业篇,李宁对本教材所有实操动作进行了策划与设计。

由于编写时间仓促,疏漏之处在所难免,真诚希望广大师生提出宝贵意见,以便我们在修订时进一步完善。

编　者
2015 年 5 月

目 录

第一篇 礼仪之修养篇 ... 1

项目一 个人修养 ... 1
  任务一 一方水土养一方人 ... 1
  任务二 审美情趣需培养 ... 3
  任务三 明礼诚信有修养 ... 4

项目二 公共礼仪 ... 7
  任务一 无处不在是礼仪 ... 7
  任务二 举止行为讲小节 ... 8
  任务三 礼三分练七分养 ... 10

第二篇 礼仪之行业篇 ... 13

项目一 酒店礼仪 ... 13
  任务一 树立良好的服务意识 ... 13
  任务二 塑造良好的职业形象 ... 19
  任务三 提供优质的专业礼仪服务 ... 28

项目二 导游服务礼仪 ... 39
  任务一 导游服务礼仪的基本规范 ... 39
  任务二 导游服务的仪容仪表仪态 ... 44
  任务三 导游语言服务礼仪 ... 46
  任务四 导游员的工作礼仪 ... 50
  任务五 导游服务涉外礼仪 ... 56

项目三 金融服务礼仪 ... 73
  任务一 银行柜台人员服务礼仪 ... 73
  任务二 银行业服务技巧 ... 78
  任务三 令人不悦的接待方式 ... 82
  任务四 走动管理服务礼仪 ... 86

项目四	商务礼仪	91
	任务一　商务接待与拜访礼仪	91
	任务二　商务谈判礼仪	99
	任务三　商务仪式礼仪	105
	任务四　会议礼仪	113

项目五	表演礼仪	133
	任务一　化妆礼仪	133
	任务二　着装礼仪	137
	任务三　谈吐礼仪	141
	任务四　舞台礼仪	145

第三篇　礼仪之实操篇　……………………………………155

实例一	点头微笑寒暄语	155
实例二	站立迎宾欢迎词	157
实例三	走姿坐姿和请姿	161
实例四	介绍敬茶递名片	167
实例五	鞠躬握手告别语	170

第一篇 礼仪之修养篇

项目一 个人修养

项目目标： 作为一名高职学生应该具备文明、礼貌、优雅的素质。本项目分别从礼貌礼节、审美情趣、明礼诚信等三个任务着手，旨在让学生了解拥有良好的礼仪修养必须经过长期的磨炼和内在的积累，从而不断提升学生由内而外的个人修养。

任务一 一方水土养一方人

案例引入

深鞠躬

一位留学生来到了日航大阪饭店的前厅。此时正是日本国内旅游旺季，大厅里宾客进进出出，络绎不绝。一位手提皮箱的客人走进大厅，行李员立即微笑着迎上前去，鞠躬问候，并跟在客人身后问客人是否需要帮助提皮箱。这位客人也许有急事吧，嘴里说了声："不用，谢谢。"头也没回径直向电梯走去。那位行李员朝着匆匆离去的背影深深地鞠了一个躬，嘴里还不断地说："欢迎，欢迎！"留学生看到这情景，困惑不解，便问身旁的饭店经理："当面给客人鞠躬是为了礼貌服务，可那位行李员只朝客人的后背深鞠躬又是为什么呢？""既为了这位客人，也为了其他客人。"经理说，"如果此时那位客人突然回头，他会对我们的热情欢迎留下印象。同时也是给大堂里的其他客人看的，他们会想，当我转过身去，饭店的员工肯定对我也一样地讲礼貌。"

礼仪解读

自古以来有关苏州的浩瀚文学作品当中,最能简约概括她的,便是"优雅"二字。苏州城市的特色很像是从院墙的漏窗看到的景致,有飞檐朱栏的雅丽,也有曲径花荫的幽宁。一方水土养一方人,地灵自然人杰。苏州的景是雅的,那我们苏州的人也是雅的。

有一篇文中说到这样一件事:一位意大利游客到某点心店去吃汤包,一口咬下去汤汁正巧溅到邻座的一位苏州青年的白衬衣上,外宾连忙道歉,可那位青年脸上并无不悦之色,相反微笑着教外宾吃汤包的"窍门",咬一口汤包皮,对准洞口吸出汤汁,再慢慢品尝汤包的肉馅和薄皮。后来这位外宾说起此事,直夸苏州的饮食文化,更赞赏那位苏州青年的气度风貌。

学做一个优雅的人,首先要懂得:在具体的人的身上,美与丑是相互缠绕、相互渗透的。《红楼梦》中的王熙凤既有姿色又有能力,但她待人狠毒,反显出她的心灵的丑。《巴黎圣母院》中的卡西莫多又聋又驼背,外貌畸形,可他热爱美、追求美,更显出人性美、人道美和人情美。

学做一个优雅的人,须从小事做起,从细节着手,哪怕是在校园里说话、走路,都要注意严格要求自己,在点点滴滴中养成良好的行为习惯;学做一个优雅的人,可以从一举手、一投足、一点头、一微笑开始,让自己成为举止文明、修养良好、情趣高雅、仪表大方的好学生;学做一个优雅的人,还要学会"修剪自我",假如我们把人生比作一棵树,那么就应当年年修剪,只有这样才能枝繁叶茂,蓬勃生长,作为人的"修剪自我"那就是要时常检点自我,严格要求自己,不断修正自己行为的不足,让自己的举止更文明。

人们在社会生活中讲究礼貌礼节,对于一个国家和民族来说,它是文明程度高低的标志;对于一个人来说,它是道德修养好坏的体现。在中国古代,宾主相见时要做到"步从容,立端正,揖深圆,拜恭敬"。到了今天,作为拥有2500多年历史的旅游城市苏州的旅游服务类人才,更应当注意礼貌礼节的培养,继承前人的传统美德,学做一个优雅的人。平日里同学们见到老师应主动打招呼,同学之间相处应当相互尊重,见到来宾时要谦虚恭敬,待人处事须彬彬有礼。我们应当向韩国、日本、新加坡这些深受汉文化影响的国家的旅游工作者学习,哪怕是接受批评也要做到彬彬有礼。他们听到老师批评时起先会说:"是,我知道了。"接着会说:"老师,这是我的错。"进而会说:"谢谢您老师。"最后一定会说:"老师,我一定改正。"作为老师,我真诚地希望我们每一位同学也能这样谦恭地与人交往,将来投身事业后也能经得起表扬或批评。

苏州城市的文化品位和美学符号包括很多要素,诸如城市的绿化,优雅的壁窗,街巷的灯饰,小憩的亭廊等。当然也包括我们每一位苏州市民的言行、举止、着装、姿态。

古人云:"玉不琢,不成器;木不雕,不成材。"

同学们,让我们每个人都像一名优秀学生那样去学会做人,注意自己讲话、走路、着装等每一个细节,让我们在旅游财经学校这个人才的摇篮中茁壮成长。

思考与训练

敬语缘何招致不悦

一天中午,一位住宿的外国客人到餐厅吃饭,走出电梯时,电梯口的女服务员很有礼貌地向客人点头致意,并说:"您好,先生!"客人微笑地回答:"你好,小姐。"当客人走进餐厅,引领服务员同样一句话:"您好,先生!"那位客人微笑地点了一下头,没有开口。客人吃完午餐顺便到庭院中去散步,当走出内大门时,一位男员工又是同样一句话:"您好,先生!"这时客人下意识地只点了一下头。等客人重新走进内大门时,仍然是那位男服务员,"您好,先生!"的声音又传入客人耳中。此时客人已有点不耐烦了,默默地径直去乘电梯,准备回房休息。恰巧在电梯口又碰见了先前那位电梯迎宾员,自然是一成不变的"您好,先生!"。客人实在不高兴了,装作没听见皱起了眉头,而这位服务员也不知自己做错了什么。

后来这位客人离店时写信给饭店经理投诉道:"我不明白,你们饭店是怎么培训员工的?短短的中午时间内遇见的服务员竟千篇一律地重复着'您好,先生!'这一句同样的问候语,难道他们就不会使用其他的语句吗?……"

语言的交际能力是我们每一位旅游从业人员应该具备的专业素质。
1. "您好,先生!"这句问候语不对吗?为何引起客人投诉?
2. 针对客人的投诉,请电梯口服务员、餐厅引领员、内大门男服务员就"问候宾客"作一次模拟修正。

任务二　审美情趣需培养

案例引入

安娜·卡列尼娜和她的服饰

列夫·托尔斯泰曾对安娜·卡列尼娜和她的服饰之间的关系做过如下的描绘:"吉提每天看见安娜,他爱慕她,而且常想象她穿着淡紫色衣裙的模样,但是现在看见她穿着黑色衣裳,他才感觉到他从前没有看出她的全部魅力。他现在用一种全新的,使他感到意外的眼光看她。现在他才了解,安娜可以不穿淡紫色。她的魅力就在于她的人总是盖过服装,她的衣服在她身上绝不会惹人注目。她那镶着花边的黑色衣服在她身上就并不醒目,而为人注目的是她本人——单纯、自然、优美,同时又快乐而有生机。"

礼仪解读

爱因斯坦说:"教育应当使提供的东西让学生作为一个宝贵的礼物来领受。"在教学实践中,老师不光要教会学生知识与技能,还须十分注意提高学生的审美情趣。

餐饮操作课上,同学们摆放桌椅、杯、盘、碗,这看似简单,但铺设出整洁雅观的台面,离不开精心的设计;中华茶艺课上,玲珑的茶具和高雅朴质的茶道,也离不开那有滋有味的茶文化的品位;鸡尾酒是色香味形兼备的艺术品,那晶莹的杯具、完整的配方、优雅的举止和潇洒的制作过程,都能让同学们得到美的滋养。好的戏剧会让观众有"戏已尽而意无穷"的感受,而一堂课中能让学生既学到知识又学会做人,这就突破了课堂教学的时空局限,创造出了一个穿越时空的教学意境。导游课是这样,形体课是这样,园林艺术课也是这样。

对青年学生审美个性的培养,是我们旅游与财经高等职业技术学校乃至国内教育界在各学科教学中不断探索的新课题。我们已经或正在挖掘着教材中那些与美学思想紧密关联

的因素,将授业与传道水乳交融地结合起来,不仅让学生掌握专业知识与技能,也让学生在了解新知识的同时受到美的感化。将美育的观点悄悄地注入学生的心田,进而引导学生理解美、接受美,并在实践中为我们的世界、我们的祖国、我们的民众去创造美,进而为提升人们的人格修养、人生境界,为转变社会风气和建设和谐社会做出一些贡献。

任务三 明礼诚信有修养

案例引入

相逢一笑泯恩仇

在从上海飞往广州的飞机上,有两位金发碧眼、衣着华丽的美国女郎一上飞机便皱起了眉头,直嚷嚷说机舱里有怪味。一位空姐微笑着走来递上香水,并请她们谅解。结果香水被她俩扔到了角落里,接着又是一连串的刁难。虽然空姐觉得自尊受到伤害,但仍笑脸相待。当空姐为她俩送来可口可乐时,她们还没喝,就说可口可乐有问题,甚至将可乐泼到了空姐的身上。空姐强忍这种无礼的行为,再次将可口可乐递送过来,并微笑着说:"两位好,这可口可乐是贵国的原装产品,也许贵国这家公司的产

品有问题,我很乐意将这瓶可口可乐连同你们的芳名及地址寄到这家公司去,我想他们肯定会登门道歉或将此事在贵国的各大媒体进行渲染的。"此时,两女郎已目瞪口呆,而那位空姐仍然面带微笑地将其他饮料给她们递上。

事后,这两位女郎留下了一封信,信中说自己对空姐的服务太苛刻,要求太过分,而中国空姐的微笑和服务是无可挑剔、世界一流的。

礼仪解读

《荀子·修身》曰:"人无礼则不生,事无礼则不成,国无礼则不宁。"礼是教养的表现,"来而不往非礼也"。也就是说,礼是需要互动的。

在我们的校园里,"礼",不是听到不礼貌的话时不管不问,也不是看到不符合礼仪规范的事时置之不理。在我们的校园里,"礼",是指人与人之间的相互平等,老师学生之间的相互尊重。"礼",是以学生为本,在老师的指点下,学生学知识、学技能、学做人。懂礼和有礼的人才会富有魅力,有礼和施礼的人才能给人内外兼修的完美印象。

我们身在校园,到餐厅吃到可口饭菜时你道谢了吗?宿管员工为大家辛劳换来了安全整洁的住宿环境时你示礼了吗?听完老师生动讲课,自己的道德和知识水平达到了一个新的高度时你感恩了吗?国家给我们创造了良好的工作和学习环境,你知足了吗?受惠而不道谢、不感恩、不回报,这就是一种傲慢无礼,这就是一种教养的缺失。

自古以来,"礼"是一种社会规范和道德规范。从孔夫子起,儒家就是提倡礼仪和礼治的。封建社会,一方面要求天子、诸侯、士大夫等统治阶级都安于各位,遵守礼制;另一方面也要求人民重视礼治、强调礼法,以利统治阶级有效地统治人民。而今我们建设和谐社会,理应以人为本、平等相待、礼尚往来。社会追求和谐,礼是校园美学的符号,校园的精神文明建设离不开它。

礼的行为源自美的道德,礼是一个国家、一个民族发展史上最鲜亮且最富价值的文化之一。礼是一阵清风,可以吹去人们心灵的污垢。礼是表现校园美的一幅画,让我们大家沉浸其中。正如蔡元培先生所言:"凡是学校所有的课程,都没有与美育无关的。"语文课我们可以欣赏文学语言美、人物形象美;地理课我们可以感受祖国山川美、世界地貌美;历史课我们可以领悟人民创造美、先辈精神美;体育课我们能够学习塑造形体美、锤炼意志美;数学课我们可以体会自然界的对称均衡美和多样统一美;专业技能操作课我们又能感悟操作方式美、注意仪表语言美。美育是贯穿在整个教育过程中的,它是一种教育思想,也是一种教育方法,美育是更高层次上的素质教育。美育与德育密不可分。

古人云:"移风易俗,莫善于乐。""圣人的诗教荡涤其浊心。"都说明了审美对于人格的完善、人格的修养和人生境界的升华及整个社会风气的转变有着十分重要的意义。学校教育从引导学生学习知识到引导学生学做人,从关注课本到关注社会,这就突破了学校教学的时空局限,创造出了一个融美育与德育为一体的教学意境。莫把教养看成是"小节",莫把礼貌缺失看得无足轻重。让我们用自己懂礼貌、讲礼节的好修养来装点校园,让校园处处盛开文明的礼貌之花。

思考与训练

食堂餐桌上的启示

中午在学校食堂的餐桌上,几乎无一幸免地留着有人"到此一游"的痕迹。丢弃的饮料瓶、用过的餐巾纸、啃了一半的玉米、汤水中游来游去的鱼骨头……

其实,我们每个人都用餐盘,我们可以做到"来时一片干净,走是干净一片"。餐桌无言,却泄露了信息:来过者的文明意识,学校的文明教育、社会的文明细节。

回想平时的你也是如此吗?针对这些不良现象,你可以提出创造性的建议吗?

项目二　公共礼仪

项目目标：良好的素质是以一个人的文化素质、文明程度和思想品质为基础的，同时还取决于他的行为举止、仪表风度等。本项目旨在培养学生的基本礼仪规范，不断提升其礼仪素质。

任务一　无处不在是礼仪

案例引入

微笑比怒气更有力

闻名中外的苏州南园宾馆里，一位澳门客人外出后，他的一位亲戚来找他并要求进房间等候。由于客人事先并无留言，总台服务员不能答应这位亲戚的要求。

澳门客人回宾馆后见亲戚坐在宾馆大堂沙发上等候，十分不悦，马上与服务员发生了争执。公关部李小姐闻讯赶来刚要开口，客人就把她当作泄怒的对象呵斥起来。李小姐这时很明白，这种情况下务必保持头脑冷静，此时作任何解释都毫无意义。她默默地"洗耳恭听"，脸上始终保持着亲切友好的微笑。直到客人把话说完、平静下来之后，李小姐才心平气和地告之酒店的规定，并对刚才发生的事情表示歉意。

客人接受了她的劝解，并诚恳地表示："你的微笑征服了我，而我刚才情绪那么冲动很不应该，希望下次再来酒店时能有幸再次见到你亲切的微笑。"

礼仪解读

从某种意义上来说，旅游业是一个对从业者要求近乎苛刻的行业。这里我们说的旅游业，应当涵盖餐饮业、住宿业、交通业、游乐业、商贸业、娱乐业及健身、银行等。旅游服务的特殊性要求每一位旅游从业者都能做到仪表美、服饰美、行为美、举止美、语言美、心灵美。一句话，旅游从业者是要用自己的学识、智慧、品格去影响他人，同时用自己的能力、魄力、魅力去为宾客服务。在为客人服务的每一个过程和每一个细节中，都将综合体现旅游业从业者的审美个性和礼仪素质。

礼仪教育是与美的感受相结合的教育。可以说,人的审美能力不是天生的,是通过审美教育和审美实践活动有意识地培养和发展起来的。由于美有形象性,所以人易于接受美育;由于美有愉悦性,所以人乐意接受美育;由于美有感染性,所以美育能影响人的精神世界。礼仪教育,实质也就是美育教育的一种方式。礼仪不是空谈,礼仪是指美的举止、美的姿态、美的语言、美的服饰。知礼、懂礼、施礼的人一定是美的。

当某一地区的环境被污染、生态欠平衡、地貌被破坏,影响到此时此地人类的健康成长和正常生活的时候,人们也许才会意识到这是一场危机。同样,礼的环境的营造,对一个国家、一个民族、一个群体的发展也有着不可估量的影响。只有精神文明和思想道德都上升到一个新的水平和高度,小康才是全面的,感觉才是完美的,制度才是完善的。同样,处处显现礼的校园才是美丽的。

学生是国家建设未来的栋梁,培养栋梁之材的风采,大方向上是进行爱国主义、集体主义思想的教育;小方向上是要注重细节,明礼诚信有教养,学礼、知礼、懂礼、守礼、彬彬有礼。这样的人才的行为举止一定是美丽的,这样的栋梁的心灵才是完善的。

 思考与训练

女士优先

一位英国客人请翻译小姐先上车,可是这位小姐谦让了半天,执意要让客人先行。事后客人抱怨说:"我在中国显示不出绅士风度来,原因是接待我的女士们都坚持不让我显示。"

比如,上下汽车或进餐厅时,接待的女士坚持让客人先走,弄得客人很不习惯,甚至觉得受了委屈。虽然中方人员解释,中国是"礼仪之邦",遵循"客人第一"的原则,对此解释客人也表示赞赏,但对自己不能显示西方绅士风度仍表示遗憾。

1. 在本案例中,双方都遵循了自己的礼仪规范,那造成客人遗憾的原因是什么?
2. 你觉得应该如何应对类似案例中的"女士优先"问题?

任务二 举止行为讲小节

 案例引入

这厮被除名! 活该!

2012年5月14日晚,北京交响乐团依据剧团管理规定及聘用合同的相关约定,对在列车上想对中国女乘客做出不文明行为的俄罗斯籍大提琴首席奥列格予以除名。

原来,北京交响乐团的俄罗斯籍大提琴首席奥列格是在乐团休整期间外出度假。在乘坐的列车上,奥列格脱掉鞋袜,将双脚搁放在前排女乘客的座椅背上,引发前排女乘客的强烈不满。当这位女士要求他将脚放下时,奥列格不但未改正行为,反而用中文辱骂该女乘客。当时列车安保人员认为奥列格是艺术家,这事很难提出批评,就未予追究。然而这一过程被其他乘客录下在网上播出后,引起公众一片哗然。

事发之后,北京交响乐团认为,奥列格的行为严重损害了乐团的声誉,依据乐团的有关规定和聘用合同相关约定,决定对奥列格予以除名。

这厮被除名!活该!

礼仪解读

苏州是一个具有深厚文化底蕴的城市,她优雅、浪漫、幽静、唯美。当苏州人把一个精细秀美的古城呈现给世界的时候,也同时要求我们每一个苏州人,举止行为必须注重小节。

举止行为讲小节,就是要求我们每一个人都重视自身良好德行的培养。在社会上,做一个遵守公德的好公民;在学校里,做一个注意行为规范的好学生;在家庭里,做一个尊老爱幼的好成员。每一个人都来做心灵美好、道德美好、行为美好的人,我们的城市、我们的社区、我们的事业、我们的学校才能真正成为和谐社会。

举止行为讲小节,作为学校的学生,就应当于细微之处检点自己的行为。清晨相见时微笑致意,路遇长辈时鞠躬问候,聆听教导时站立端正,解答问题时注目回应,佩挂胸牌时端正端庄,傍晚离校时亲切道别,见到纸屑杂物时随手扔进垃圾箱,听到粗俗言语时立即纠正,抄袭作业时想想老师的教诲,抽烟喝酒时不忘校规,听到国歌时不说笑喧哗,迷恋上网时切记学生应以学业为重。

举止行为讲小节,作为学校的学生,我们还应注意着装的规范。徜徉在绿色的校园,感知着知识的力量,在校园里穿衣戴帽不须华丽、不须色彩缤纷。无论是老师还是学生,穿衣戴帽大方就好,日常打扮得体为妙。平时在家,穿衣戴帽完全可由着自己的喜好来;走在校园里、走在公共场所,女生的衣服不可太露、太瘦、太透,男生的服装决不可邋遢宽松。如若不注意穿戴衣帽的文明,将会让

"小不雅"伤了学校的大雅。升旗仪式、集体活动,在公共场合我们应当尽可能穿统一的制服,这样会显得体规范。青春期的女生穿什么都会光彩照人,在课堂上,不可模仿一些人穿超短裙和露脐装;青春期的男生好张扬,穿衣服喜欢突出个性,穿宽松衣、戴墨镜会显得不伦不类。在知识的海洋中遨游的学子们,如若沉湎于奇装异服,追求过分的新潮穿戴,会让学习人类文明的宝贵时间悄悄流逝,这不能不说是一种遗憾了。

一个人不能忽视举止行为的美,因为举止行为的美涵盖了人类本身纯朴美的内质。讲究举止行为美,用美好的举止行为给他人带来真诚的祝福和愉快的感受是一种生活的艺术,这需要我们大家在平凡的生活中多多地实践。

 思考与训练

背手问好并不礼貌

住在宾馆的董经理外出后回来,走出电梯时,有一位女服务员倒背着双手面带微笑地向他问好。董经理也很客气地回应了服务员的问候,但是眼神里有一丝不满。

1. 你知道董经理为什么不满意吗?
2. 标准的问候姿势应该是什么样的?

任务三 礼三分练七分养

 案例引入

巧 应 答

四川有一位美食家叫罗亨长,20世纪90年代初在靠近四川省文化厅和电视台的长顺街开了一家文化氛围浓厚的火锅店,不少客人纷纷来这里用餐。客人用餐之时常常会善意地出一些题目来"难为"老板,可每逢这时,老罗都能巧妙应答。

有一次,客人说:"亨长,你这儿有没有炮弹?来一份!"亨长马上接过话来说:"有的,有的!我这里有泡咸蛋、泡皮蛋、二流炮弹,给您来一份?"客人高兴地要了咸蛋和皮蛋这份菜后,一会儿又说:"亨长,你这儿泡蛋我们吃过了,还有没有月亮?"亨长立刻叫服务员打开窗户,并搁一盆清水在窗前,口里唱着:"天上有个太阳,水中有个月亮。"接着对后堂大声叫道:"上一盘推纱望月!"后来,菜端上了客人的餐桌,原来是一盘"竹笋鸽蛋"。亨长介绍:竹笋表示绿色的纱窗,鸽蛋表达是月亮,所以叫"推纱望月"。于是满堂笑声,宾客大喜。亨长说,为客服务时以幽默的方式调节气氛,总是想方设法满足客人而尽量不拒绝客人的要求,这是需要我们巧妙应对的。

 礼仪解读

要成为一名优秀的旅游业人才,除了热爱自己选择的专业和岗位,具有熟练的服务技能及服务知识之外,还应具有良好的礼仪修养。

如果我们把古城苏州比作一个大舞台,那么每个旅游从业者就像是一名演员。在这个特殊的舞台上,每个从业者每天都在扮演着服务员的角色。他们以良好的服务姿态、端庄的谈吐举止、娴熟的沟通技巧天天为宾客演出"喜剧",使宾客高兴而来、满意而归。而要当好一名演员,就得练就许多基本功。

三分练,首先要练就站立基本功。做到头正、肩平、眼平视,做到挺胸、收腹、直立,做到两腿站立手下垂,做到微笑迎客又自信。

三分练,其次要练就微笑基本功。在人际交往中,微笑是传达友善亲切、欢迎、愉悦的最好信息。发自内心的微笑,能迅速融洽双方感情,形成友好的气氛。正如人际交往专家所说:"微笑一文不值,但是付出可以获得累累硕果。"从这个意义上说,微笑不只是艺术,也是一种技能。

三分练,再次要练就端庄的仪态。旅游从业人员端庄的仪态表现在一举手、一投足、一点头、一弯腰,与人交流时美好的仪态会让人赏心悦目。

七分养,强调的是养成习惯。练与养相互作用、相辅相成。美的习惯和美的行为,从宾客来到时的一个"请"字开始,到接待宾客过程中的笑脸相迎,直至宾客离开时的挥手告别、目送远离。一点一滴,像巨大的建筑总是由一砖一石叠加起来一样,好习惯总是在习以为常的过程中慢慢养成。

教师的天职是教书育人。德育教育让同学们学会明辨是非,美育教育让同学们学会识别美丑;德育教育有利于提高道德修养,美育教育有利于影响精神世界。要使我们每一位学生成为有理想、有道德、有文化、有纪律的一代新人,这个过程并非靠一朝一夕,而要靠持之以恒。

花钱可以在短时间内买回昂贵的商品,可花钱在短时间里却买不回素质全面的人才。在培养训练的过程中,每一点进展都会十分缓慢、十分艰苦。哪怕是练习一个美的站姿,哪怕是练习一个大方自然的笑脸。农民付出劳动才能获得丰收,工人付出劳动才能获取产品,医生付出劳动才能治病救人,老师付出劳动才能教书育人。训练和培养人才也同样是"一分耕耘,一分收获"。

面对新世纪激烈的市场竞争,我们高职院校的学生不但需要掌握科学文化知识,而且必须具备综合素质和与人交往的能力。从日常行为的站立、微笑、敬语等小事抓起,坚持"三分练七分养"的学习方法,同学们一定能具备良好的修养、健康的风采、大方的形象,成为真正意义上的高素质旅游人才。

苏州的园林美,苏州的昆曲美,苏州的刺绣美,苏州的评弹美,苏州的山水美,苏州的人应当更美。但愿,礼的文化不只是学者们论文的主题,而是沉浸在我们与人交往的过程中,沉浸在我们每个人的人性的质地中,沉浸在我们每个人心灵的细胞中。礼是校园美学的符号,让我们融入其中。

思考与训练

"你再这样笑,我们就要揍你!"

有一次,一个西欧旅游团深夜到达某饭店,由于事先联系不周,客房已满,只好委屈地安排客人睡在大厅里,全团人员顿时哗然。一些客人扬言要去敲开每一个房间,吵醒所有宾客,看看酒店是否真的无房。而此时,客房部经理却向大家微笑着耸耸肩,表示他本人对此事无可奈何,实在爱莫能助。他的举动使一名宾客更加不满,认为经理的这种微笑实在是一种幸灾乐祸,是对他们的侮辱,便拍着桌子大声喝道:"你再这样笑,我们就要揍你!"当场令这位经理很是尴尬。后来在随团翻译人员的再三解释下,客人们的愤怒才平息。

1. 这位经理的微笑是优质服务吗?为什么引起客人反感?
2. "礼"所规范的是礼貌地对待自己,还是应礼貌对待谁?
3. 怎样才能成为一位学礼、知礼、守礼、彬彬有礼的旅游从业者?
4. 你认为绅士风度和淑女风采应怎样练就?
5. 非自然语言信号的"礼"的传递方式有哪些?

第二篇 礼仪之行业篇

项目一 酒店礼仪

项目目标：掌握 3W 原则，What（做什么）、How（怎么做）、Why（为什么）。即指让酒店管理专业学生认识礼仪服务在酒店服务中的重要性；理解并掌握酒店各个部门岗位服务礼仪的要求和方法；学会在酒店各个岗位上运用正确的服务礼仪，并掌握岗位礼仪的基本操作技能。

任务一 树立良好的服务意识

给客人一个惊喜

酒店 1306 房的 Matthew 先生已入住两天了，每天早出晚归，房间里衣服总扔得到处都是。每次服务员小袁做卫生时都会不厌其烦地帮他把衣服整理好，放在衣柜内。

小袁发现，房间里的茶杯每天都没有使用迹象。通过向中班服务员打听后，小袁得知每次送茶客人都不喝，但客人每天都会买一瓶矿泉水。

第三天上午，1306 房来了一位访客。小袁想，客人和他的朋友可能是不喜欢喝袋泡茶，于是抱着试试看的心理用散装茶叶为他们泡了两杯茶送进房。

过了不久，小袁看见客人和他的朋友出去了。为了弄个明白，她马上进房去查看，发现两个茶杯都空空如也，原来他们爱喝散装茶。小袁高兴地在常客卡上记录了这一条，又为客人泡了一杯茶，并用英语给客人留了一张条："It's the tea for you! Wish you like it！"

下午，Matthew 和他的朋友大汗淋漓地从电梯里面出来，手里抱着一个篮球，老远就冲小袁"Hello"，小袁连忙跑过去。客人把球放在服务台上，小袁接过球一看，黑乎乎的。客人用手比画着指向酒店的布草房。"Take it in workroom?""Yes,yes!""这么脏,还是洗一下吧?"小袁自言自语道。

于是,小袁便将球拿到消毒间用刷子刷干净。第二天下午,客人又出去打球,当他从小袁手中接过干净如新的篮球时,竖起了大拇指。房间里,昨天的那张留言下写着"Thank you……"

【分析提示】

酒店给客人提供袋装茶叶,客人不喝,这在很多酒店是常事。本案例中的服务员小袁对此却非常上心,并试着给客人上散装茶,结果赢得了客人的满意;另外,在应客人要求把篮球放在酒店的布草房后,又帮客人洗刷干净,给客人带来意外的惊喜。这两件小事都充分显示了这位服务员良好的服务意识和服务态度。

酒店服务品质的差别不是服务技能的问题,而是服务意识的问题。作为酒店服务员,不仅要做"规范人",更要做"有心人"。

礼仪解读

酒店礼仪含义及重要性

一、酒店礼仪的含义

礼仪礼貌是酒店企业文化的重要表现,它同员工的知识结构、修养有着密切的关系。

酒店行业是服务的行业。礼仪、礼节、礼貌是酒店培植和弘扬的重点,贯穿在接待服务活动的全过程之中,它可以为酒店和宾客之间架起友谊的桥梁。

酒店礼仪礼貌无处不在。无论是语言、行为,还是服务人员的一举一动,无不渗透着礼仪的内涵。如接待或与人见面时的称呼、握手;服务时的语言技巧、语音语速(电话总机服务)、风度、分寸;与人相处或在公共场合的举手、投足、站立姿势、行走姿势;在参加约会、舞会、宴会、会议等服务工作中应注意的仪表、仪态、装束等。

二、酒店礼仪服务的重要性

1. 文明有礼是酒店服务的宗旨

酒店是综合性很强的服务行业,不仅要为客人提供吃、住、购物、旅游、娱乐等比较齐全的服务设施,还要给客人提供满意的服务。总的宗旨是客人至上、服务周到、文明有礼。

2. 礼仪礼貌是提高服务质量的保证

客源是酒店的财源,是酒店赖以生存和发展的基础。招揽客源,最根本、最基础的是提高服务质量。服务员的服务水平决定着酒店的服务质量,因为客人是否住店、住店后是否决定以后还住此店,服务员的素质、形象、仪表、举止、言行、礼貌程度等直接影响着客人的决策,所以说礼仪礼貌是提高服务质量的保证。

3. 礼仪礼貌能使客人满意

只有做到礼貌服务才能够使客人满意,在给客人留下美好印象的同时,还能弥补设施等方面的不足。

酒店职业道德

一、酒店职业道德

1. 道德

道德是一种调整人与人,人与社会、集体之间的相互关系的行为准则的总和,它的特点是通过社会舆论、说服教育和自觉自愿的行为来起作用。"道德"一词的引申意为规则、规范、行为、品质以及人们对善恶的评价等。简单地说,道德就是讲人的行为"应该怎样"和"不应该怎样"的问题。

2. 职业道德

职业道德是指从事一定职业劳动的人们,在特定的工作和劳动中以其内心信念和特殊社会手段来维系的,以善恶进行评价的心理意识、行为原则和行为规范的总和,它是人们在从事职业的过程中形成的一种内在的、非强制性的约束机制。

二、酒店职业道德的作用

1. 职业道德是推动酒店物质文明建设的重要力量

酒店职业道德的基本要求是忠于职守。当员工确立了相应的职业道德,并将它变为自己的信念、义务与荣誉感时,就能正确认识和处理个人与同事、酒店、客人,酒店与客人的利益关系,就可以在工作中发挥自己的积极性与创造性,酒店的利益就有可能大大提高。

2. 职业道德是形成酒店良好形象的重要因素

酒店形象是公众对酒店特色(包括建筑、服务质量、客源市场等)的综合反映,其形成是靠全体员工的辛勤劳动、热情服务并由这种服务造成的社会效益逐渐在人们心中树立起来的。

职业道德要求酒店各级人员都为客人服务,讲道德,履行自己的职业义务。正确行使自己的权利和责任,为客人提供有酒店特色的优质服务,酒店就会在经营和提供服务的同时,形成一种良好的社会关系和社会形象。

3. 职业道德可以使员工在工作和生活中不断地自我完善

一个员工是否可以成才,能否对酒店做出贡献,主要依靠其在职业生活实践中的学习和锻炼。职业道德是职业生活的指南,帮助从业人员选择具体的人生道路,形成具体的人生观和职业理想。历史和现实告诉人们,一个员工能否成才,并不在优越的客观条件,而在于他是否具备高尚的职业道德。在工作中失职、利己、傲慢、嫉妒等不良品质,往往使人无为、一事无成;忠于职守、谦虚、坚定等优良品质,则会使员工在成长、成才道路上不断前进。

三、酒店职业道德的主要内容

1. 文明礼貌

文明礼貌是人们在职业实践中长期修养的结果,是从业人员的基本素质,是塑造企业形象的需要。文明礼貌的基本内容和具体要求如下：
- 仪表——端庄
- 举止——得体
- 语言——规范
- 表情——热情、自然

2. 爱岗敬业

爱岗就是热爱自己的工作岗位，热爱本职工作；敬业就是用一种恭敬严肃的态度对待自己的工作。爱岗敬业的具体要求如下：
- 树立职业理想
- 强化职业责任
- 提高职业技能

3. 诚实守信

诚实守信是为人之本、从业之要。诚实守信的具体要求如下：
- 忠诚所属企业——诚实劳动、关心企业发展、遵守合同和契约
- 维护企业信誉——树立产品质量意识；重视服务质量，树立服务意识
- 保守企业机密

4. 办事公道

办事公道是正确处理各种关系的准则。办事公道是指在办事情、处理问题时，要站在公正的立场上，对当事双方公平合理、不偏不倚，不论对谁都是按照一个标准办事。办事公道的具体要求如下：
- 坚持真理
- 公私分明
- 公平公正
- 光明磊落

5. 勤俭节约

勤俭节约是中华民族的传统美德，是职场人事业成功的催化剂；勤俭节约是企业在市场竞争中常战常胜的秘诀，勤劳促进效率的提高，节俭降低生产的成本；勤俭节约是维持社会可持续发展的法宝，一个社会的可持续发展必须重视生产资料的节约。

6. 遵纪守法

遵纪守法指的是每个职场人都要遵守纪律和法律，尤其要遵守职业纪律和与职业活动相关的法律法规。

职业纪律是在特定的职业活动范围内从事某种职业的人们必须共同遵守的行为准则，包括劳动纪律、组织纪律、财经纪律、群众纪律、保密纪律、宣传纪律、外事纪律等基本纪律要求以及各行各业的特殊纪律要求。遵纪守法的具体要求如下：
- 学法、知法、守法、用法
- 遵守企业纪律和行业规范

7. 团结互助

团结互助是指在人与人之间的关系中，为了实现共同的利益和目标，互相帮助，互相支

持,团结协作,共同发展。团结互助的基本要求如下:
- 平等尊重
- 顾全大局
- 互相学习
- 加强协作

8. 开拓创新

1995 年 5 月,江泽民在全国科学技术大会上的讲话中指出:"创新是一个民族进步的灵魂,是国家兴旺发达的不竭动力。如果自主创新能力上不去,一味靠技术引进就永远难以摆脱技术落后的局面。一个没有创新能力的民族,难以屹立于世界先进民族之林。"

创新是指人们为了发展的需要,运用已知的信息,不断突破常规,发展或产生某种新颖、独特的有社会价值或个人价值的新事物、新思想的活动。创新的本质是突破。创新活动的核心是"新"。如何做到开拓创新:
- 开拓创新要有创造意识和科学思维
- 开拓创新要有坚定的信心和意志

四、酒店职业道德的主要规范

1. 敬业乐业

热爱本职工作,遵守酒店规章制度和劳动纪律;遵守员工守则,维护酒店的对外形象和声誉;做到不说有损于酒店利益的话,不做有损于酒店利益的事。

2. 树立"宾客至上"的服务观念

(1) 主动:全心全意,自觉把服务工作做在客人提出要求之前。

(2) 热情:如对待亲人一样,微笑、态度和蔼、言语亲切、动作认真。

(3) 耐心:做到问多不厌、事多不烦、遇事不躁,发生矛盾时,严于律己、恭敬谦让。

(4) 周到:处处关心、帮助客人排忧解难,使宾客满意。

3. 认真钻研服务技术

提高服务技巧和技术水平,虚心学习,干一行、爱一行、专一行,并将技术、经验运用到工作实践中,不断改进操作技能、提高服务质量。

4. 树立主人翁意识

要以主人翁的态度对待本职工作,关心酒店的前途和发展,并为酒店兴旺发达多出主意、多做贡献。工作中处理好个人与集体、与上司和同事之间的关系,互相尊重、互相协作,宽以待人。

5. 树立文明礼貌的职业风尚

(1) 有端庄、文雅的仪表。

(2) 使用文明礼貌、准确生动、简练亲切的服务语言。

(3) 尊老爱幼,关心照顾残疾客人和年迈体弱的客人。

(4) 严格遵守服务纪律,各项服务按操作程序和操作细则进行。

(5) 在接待过程中讲究礼节礼貌。

思考与训练

1. 请想象并说出一位客人踏进酒店大门时的五种以上的需求?
2. 酒店职业道德的作用有哪些?
3. 酒店职业道德的主要规范有哪些?

 **礼仪拓展**

酒店员工的正确心态

"态度决定一切"这句话常常出现在我们的耳边。不错,态度真的决定一切,可是什么样的态度将决定什么样的一切?态度是一个人对待事物的一种驱动力,不同的态度将产生不同的驱动作用。好的态度产生好的驱动力,注定会得到好的结果;而不好的态度会产生不好的驱动力,注定会得到不好的结果。同时,人们对待任何事物不是单纯的一种态度,而是各种不同心态的综合。

作为酒店员工,我们应该拥有积极的、主动的、包容的心态。

积极的心态,就是把好的、正确的方面扩张开来,并第一时间投入进去。一个企业、一个酒店肯定会有很多好的方面,也会有很多不够好的方面,我们需要用积极的心态去对待。

积极的人像太阳,走到哪里哪里亮;消极的人像月亮,初一十五不一样。当某种阴暗的现象、某种困难出现在你的面前时,如果你去关注这种阴暗、这种困难,那你就会因此而消沉;但如果你更加关注这种阴暗的改变、这种困难的排除,你就会感觉自己的心中充满阳光、充满力量。同时,积极的心态不但能使你充满奋斗的动力,也会给你身边的人带来阳光。

让我们通过一个案例来了解主动的心态。

一次,A 去拜会一位事业上颇有成就的朋友 B,闲聊中谈起了命运。A 问:这个世界上到底有没有命运? B 说:当然有啊。A 再问:命运究竟是怎么回事?既然命中注定,那奋斗又有什么用? B 没有直接回答 A 的问题,但笑着抓起 A 的左手,说:不妨先看看你的手相,帮你算算命。B 给 A 讲了生命线、爱情线、事业线等诸如此类的话之后,突然对 A 说:把手伸好,照我的样子做一个动作。B 的动作就是:举起左手,慢慢地且越来越紧地握起拳头。末了,B 问:握紧了没有? A 有些迷惑,答道:握紧啦。B 又问:那些命运线在哪里? A 机械地回答:在我的手里呀。B 再追问:请问,命运在哪里? A 如当头棒喝,恍然大悟:命运在自己的手里! B 很平静地继续道:不管别人怎么跟你说,不管"算命先生们"如何给你算,记住,命运在自己的手里,而不是在别人的嘴里!这就是命运。当然,再看看你自己的拳头,你会发现你的生命线有一部分还留在外面,没有被握住,这又能给我们什么启示? 命运绝大部分掌握在自己手里,但还有一部分掌握在"上天"手里。古往今来,凡成大业者,"奋斗"的意义就在于用其一生的努力去争取。

主动就是"没有人告诉你而你正做着恰当的事情"。在竞争异常激烈的时代,被动就会挨打,主动才能占据优势地位。我们的事业、我们的人生不是上天安排的,而是靠我们主动去争取的。在酒店里,有很多的事情没有人安排你去做,有很多的职位空缺。如果你主动行动起来,不仅锻炼了自己,也为争取职位积蓄了力量;如果什么事情都需要别人来告诉你去做,你已经很落后了,职位上也挤满了那些主动行动着的人。主动是为了给自己增加机会,增加锻炼自己的机会,增加实现自己价值的机会。酒店只能给你提供道具,而舞台需要自己搭建、演出需要自己排练,能演出什么样的节目、有什么样的收视率,决定权在你自己。

再让我们通过一段对话来理解什么是包容的心态。

有两个妇人在聊天,其中一个问道:"你儿子还好吧?""别提了,真是不幸哦!"另一个妇人叹息道:"他实在够可怜,娶个媳妇懒得要命,不烧饭、不扫地、不洗衣服、不带孩子,整天就是睡觉,我儿子还要端早餐到她的床上呢!"

"那你女儿呢?""她可就好命了!"妇人满脸笑容:"她嫁了一个不错的丈夫,不让她做家事,全部都由先生一手包办,煮饭、洗衣、扫地、带孩子,每天早上还端早点到床上给她吃呢!"

同样的状况,当我们从自身角度去看时,就会产生不同的心态。站在别人的立场看一看或换个角度想一想,很多事就不一样了。你可以有更大的包容,也会有更多的爱。

作为服务人员,你会接触各种各样的消费者,这个消费者有这样的爱好,那个消费者有那样的需求。我们是为客户提供服务的,要满足客户的需求,这就要求我们学会包容,包容他人的不同喜好,包容别人的挑剔。同事之间也会有不同的做事风格,你也应该去包容。水至清则无鱼,海纳百川、有容乃大。我们要锻炼同情心,要去接纳差异,我们需要包容差异。

任务二　塑造良好的职业形象

案例引入

2009年11月16日,美国总统奥巴马在上海科技馆与中国青年举行对话,第二天网上以"奥巴马背后的神秘黑衣女子"为题,发布了现场一位女士的一组优雅仪态照,一时间各大网站、电视节目甚至国外媒体争相转载、报道,这位女士也以最快的速度成为网络名人,而原因仅仅是她在现场优雅的举止吸引了媒体记者的注意力。

【分析提示】

优雅的举止能反映个人良好的礼仪修养,彰显个人魅力。在公共场所拥有优雅的仪态更能获得别人的好评,吸引注意力。

一个信息的传递=7%语言+38%语音+55%形体

由此可见,人在交往和沟通中,要时时注意自己给别人的无形的名片,它体现在人的身上——即仪态礼仪。

礼仪解读

塑造良好的仪容、仪表、仪态

一、仪容、仪表、仪态

1. 仪容

仪容,通常是指人的外观、外貌。其中的重点是指人的容貌。在人际交往中,每个人的仪容都会引起交往对象的特别关注,并将影响到对方对自己的整体评价。在个人的仪表问题中,仪容是重中之重。

2. 仪表

仪表是人的综合外表,包括人的形体、容貌、健康状况、姿态、举止、服饰、风度等方面,是人举止风度的外在体现。其中风度是指举止行为、接人待物时,一个人的德才学识等各方面的内在修养的外在表现。风度是构成仪表的核心要素。

3. 仪态

仪态,指的是人的姿势、举止和动作。

二、酒店员工注重仪容、仪表、仪态的重要性

1. 反映酒店的整体形象

现代企业都十分重视树立自身良好的形象,酒店也不例外。酒店形象取决于两个方面:一是提供的产品与服务的质量水平,二是员工的形象。在员工形象中,员工的仪容、仪表、仪态在一定程度上体现了酒店的服务形象,而服务形象又是酒店文明的第一标志。形象代表档次,档次决定价值,价值产生效益,这是一个连锁反应循环圈。

酒店员工工作的特点是直接向客人提供服务,来自四面八方的客人会对服务接待人员的形象留下很深的印象。客人对酒店员工的"第一印象"是至关重要的,而"第一印象"的产生首先来自于一个人的仪容、仪表、仪态。良好的仪容、仪表、仪态,会给人产生美好的第一印象,从而对酒店产生积极的宣传作用,同时还能弥补某些服务设施方面的不足;反之,不好的仪容、仪表、仪态往往会令人生厌,即使有热情的服务和一流的设施也不一定能给客人留下好的印象。因此,注重仪容、仪表、仪态是酒店员工的一项基本素质。为了向客人提供优质服务,使客人满意,酒店员工除了应具备良好的职业道德、广博的业务知识和熟练的专业技能之外,还要讲究礼节礼貌,注意仪容、仪表、仪态。

2. 有利于维护自尊自爱

爱美之心人皆有之。每一个酒店员工都有尊重自我的需要,同时也想获得他人的关注与尊重。作为一名酒店员工,只有注重仪容、仪表、仪态,从个人形象上反映出良好的修养与蓬勃向上的生命力,才能受到客人的称赞和尊重,才会对自己良好的仪容、仪表、仪态感到自豪和自信。一个人如果衣冠不整、不修边幅、憔悴潦倒,只能让他人认为其生活懒散、作风拖沓、责任感不强,是不尊重别人的人。

3. 是尊重他人的需要

注重仪容、仪表、仪态既是尊重客人的需要,也是讲究礼节礼貌的具体表现。每个人的仪容、仪表、仪态,无论有意无意,都会在对方心理上引起某种感觉,或使人轻松愉悦,或给人以美感,或使人感到别扭。要想尊重他人,就应该通过仪容、仪表、仪态来体现对他人的重视。仪表端庄大方、整齐美观,就是尊重他人的具体体现。在整个酒店活动过程中,客人都在追求一种比日常生活更高标准的享受,这里面包含着美的享受。

酒店员工的仪容、仪表、仪态在服务中是礼貌、是尊重,能够引起客人强烈的感情体验,在形式和内容上都能打动客人,使客人满足视觉美的需要。同时客人在这种外观整洁、端庄、大方的酒店员工的服务中,感到自己的身份地位得到应有的承认,求尊的心理也会获得满足。

4. 有利于和谐人际关系

虽然说"人不可貌相",但人的外表在待人处事中所起的作用是不容忽视的。一个人的仪容、仪表、仪态在人际交往中会被对方直接感受,并由此而反映出个性、修养以及工作作风、生活态度等最直接的个人信息,将决定对方心理的接受程度,继而影响进一步沟通与交往。因此,从某种意义上讲,仪容、仪表、仪态是成功的人际交往的"通行证",在一定程度上满足了人的爱美、求美的共同心理需求。

酒店员工整齐、得体的仪容、仪表、仪态,以其特殊的魅力在一开始就给人留下美好的印象,常常会使人形成一种特别的心理定势和情绪定势,无论是在工作还是生活中,都会产生良好的社会效益。

5. 反映了酒店的管理水平和服务质量

员工的仪容、仪表、仪态反映出一个酒店的管理水平和服务水平。在国际及国内评定旅游酒店星级的标准中,就有考核员工仪容、仪表、仪态这一项。

三、酒店员工仪容、仪表、仪态的要求

在当今市场竞争激烈的条件下,酒店的设施、设备等硬件条件已大为改善,这样,作为软件的服务人员素质对服务水平的影响就很大了。服务人员的仪容、仪表、仪态在一定程度上反映了服务人员的素质。一个管理良好的企业,必然在其员工的仪容、仪表、仪态和精神风貌上有所体现。著名的希尔顿饭店,其董事长唐纳·希尔顿所提倡的"微笑服务"就是一件管理酒店的法宝;泰国东方大酒店,曾两次被评为"世界十大饭店"之首,其成功的秘诀就在于把"笑容可掬"作为一项迎宾规范,从而给光临该店的游客留下美好的印象。由此可见,酒店员工的仪容、仪表、仪态是酒店一个不可忽视的重要因素,酒店员工的仪容、仪表、仪态是反映酒店管理水平和服务水平的重要组成部分。

酒店员工要保持整齐清洁,应注意下列各点:

1. 头发

- 保持头发清洁,经常洗发
- 前发不可遮及眼睛,发式不可吹得过于夸张
- 男员工侧面头发不可以盖过耳部
- 女员工穿制服时头发必须束起,发夹必须为黑色

2. 鼻
- 经常留意及修剪鼻毛

3. 胡须
- 男员工不得留胡须且每天必须剃胡须

4. 指甲
- 指甲应短而干净
- 女员工不能涂色彩艳丽的指甲油

5. 首饰
- 女员工不可佩戴垂下来或造型夸张的耳环
- 项链不可露出制服外
- 勿佩戴任何质地的戒指和手链,以免影响食物卫生

6. 鞋袜
- 袜子必须为黑色
- 上班时必须穿着由酒店发给的工鞋或皮鞋

7. 工号牌
- 酒店员工的工号牌要统一印刷,佩戴在工作服的左上胸部位

8. 服装
- 穿着干净制服上班,且着装整齐;上班时须佩戴工作帽;须系围裙及佩戴净布

工号牌的佩戴位置

四、酒店员工仪态的要求

1. 站姿

男员工站姿:两眼平视前方,头微上仰,两手自然交叉于背后;双脚分开,与肩同宽或比肩膀略宽。

女员工站姿 　　　　　男员工站姿

女员工站姿：两眼平视前方，头微上仰，两手交叉于腹前，右手掌搭在左手掌上，两手的虎口靠拢，指间微弯；两脚闭拢。

2. 坐姿

在正式场合，规范的坐姿是占椅子的三分之二，要挺直腰背，两眼平视前方，两腿靠拢，脚跟尽量拉向自己的身体，不要跷脚，也不可长时间靠在椅背上，上半身的颈部、腰部、肩膀要保持正直。这样才显出大方得体。

坐1

坐2

坐3

3. 蹲姿

蹲姿是人在处于静态时的一种特殊体位。

蹲姿要领：下蹲时一脚在前、一脚在后，两腿向下蹲，前脚掌全着地，小腿基本垂直于地面，后脚脚跟提起，脚尖着地。女性应靠紧双腿，男性则可适度将腿分开。臀部向下，基本以后腿支撑身体。

蹲1

蹲2

蹲3

在服务过程中,如有东西掉在地上,应大方得体,右脚向前迈一步,双腿屈膝合蹲,腰挺直收腹,右手捡物,左手自然下垂。

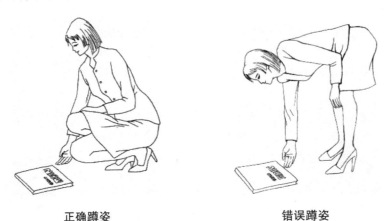

正确蹲姿　　　　　　　　　　错误蹲姿

4. 走姿

走姿要领:抬头肩平,平视前方,脚步轻捷成一字步,靠右行走,双手自然摆动,幅度不宜太大,面带微笑。与客人相遇应主动问好,30度鞠躬,并让道示意;如客人从背后过来,应停步,身体从左边转向客人,向旁边略退,鞠躬问好,右手指引客人前进的方向。在行走中不可奔跑,手不可插在口袋,也不能左顾右盼。

和客人并排行走时,服务人员应居于左侧;如果双方单向行走时,要居于左前方约一米左右的位置。

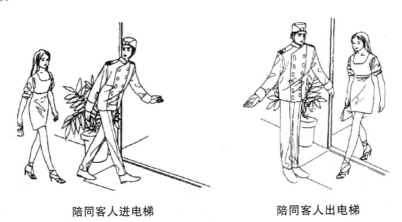

陪同客人进电梯　　　　　　　　陪同客人出电梯

5. 手势

服务中用的手势语是"请"的意思。拇指弯曲紧贴食指,其余四指闭拢伸直,手臂伸直,指尖朝所指方向,眼神朝所指方向。在提起另一位客人时,不可指指点点,应运用"请"的手势。谈话时手势不宜太多,适当运用表达自己的意图。

正确手势

错误手势一

错误手势二

酒店员工的语言礼仪

一、酒店员工职业用语

七声十七字

七声:来有迎声、去有送声、服务宾客有称呼声、客人表扬有致谢声、客人批评打扰客人有致歉声、客人欠安有问候声、客人交办事宜有回声。

十七字:您、您好、谢谢、请、对不起、再见、欢迎再次光临。

基本服务用语

称呼语	小姐;夫人;先生;女士。
欢迎语	欢迎光临;欢迎光临我们酒店。
问候语	您好;早上好;下午好;晚上好。
祝贺语	恭喜;节日快乐;新年快乐。
告别语	晚安;再见;明天见;祝您旅途愉快。
道歉语	对不起;请原谅;打扰您了。
应答语	是的;好的;我明白了;不要客气;谢谢您的好意。
道谢语	谢谢;非常感谢。
征询语	请问您有什么事？我能为您做些什么？您还有别的事情吗？

服务应答规范用语

客人到来	您好,欢迎光临。
客人离去	您慢走;欢迎下次光临。
请客人重复叙述	对不起,请您再说一遍可以吗？
客人表示致谢	不客气;这是我应该做的。
客人表示致歉	没关系;不必介意。
需要打断客人谈笑	对不起,打扰一下。
答应客人的要求	好的;可以;没问题。
暂时离开面对的客人	请稍候。
离开客人后返回	对不起,让您久等了。

二、酒店员工服务忌语

1. 不尊重的语言

(1) 对老年服务对象讲话时,绝对不宜说"老家伙""老东西""老废物""老没用"等。

(2) 跟病人交谈时,尽量不要提"病鬼""病号""病秧子"一类的话语;没有特殊原因时,也不要提及身体好还是不好。

(3) 面对残疾人时,切忌使用"残废"一词。一些不尊重残疾人的提法,诸如"傻子""呆子""侏儒""瞎子""聋子""麻子""瘸子""拐子"之类,更是不宜使用。

(4) 接触身材不甚理想的人士时,对其最不满意的地方,例如体胖之人的"肥",个矮之人的"矮",都应当避讳。

2. 不友好的语言

在任何情况下,都绝对不允许服务人员对服务对象采用不够友善、甚至满怀敌意的语言。如客人要求服务人员为其提供服务时,服务人员以鄙视的语气问:"你买得起吗?""这是你这号人用的东西吗?"这些不友好的语言应坚决不说。

3. 不耐烦的语言

服务人员在工作岗位上要想做好本职工作,提高自己的服务质量,就要在接待服务对象时表现出应有的热情与足够的耐心。不论自己的初衷是什么,都不允许给对方答以"我也不知道""从未听说过"等不耐烦的语言。

4. 不客气的语言

服务人员在工作时,有不少客气话是一定要说的,不客气的话则坚决不说。如在需要服务对象支付零钱或没有零钱可找时,直截了当地要对方"拿零钱来",或告知对方"没有零钱找",都极不适当。

三、酒店员工服务忌语示例

(1) 喂!

(2) 老头儿。

(3) 土老冒儿。

(4) 你吃饱了撑的呀!

(5) 谁让你不看着点儿。

(6) 问别人去!

(7) 听见没有,长耳朵干吗使的。

(8) 我就这态度!

(9) 有能耐你告去,随便告哪都不怕。

(10) 有完没完。

(11) 到底要不要,想好了没有。

(12) 喊什么,等会儿!

(13) 没看我正忙着吗,着什么急。

(14) 我解决不了,愿意找谁就找谁去!

(15) 不知道。

(16) 刚才和你说过了,怎么还问?
(17) 有意见,找经理去。
(18) 到点了,你快点儿。
(19) 价签上都写着呢(墙上贴着呢),你不会自己看呀。
(20) 你问我,我问谁。
(21) 没上班呢,等会儿再说。
(22) 干什么呢,快点。
(23) 我不管,少问我。
(24) 不是告诉你了吗,怎么还不明白。
(25) 现在才说,早干吗来着。
(26) 越忙越添乱,真烦人。
(27) 怎么不提前准备好。
(28) 我有什么办法,又不是我让它坏的。

思考与训练

1. 什么是职业形象?
2. 如何塑造酒店员工的职业形象?
3. 站姿、坐姿、蹲姿、走姿、手势训练。
4. 案例分析:

如此服务用语

餐厅里,某旅游团正在用餐,当服务员发现一位70多岁的老人面前有个空碗时,就轻步走上前,柔声说道:"请问老先生,您还要饭吗?"

那位老先生摇了摇头,服务员又问:"那您完了吗?"

只见那位老先生冷冷一笑说:"小姐,我今年70多岁了,自食其力,这辈子还没落到要饭的地步,怎么会要饭呢?我的身体还硬朗着呢,不会一下子就完的。"

请问本案例中服务员的服务用语有何问题?

5. 练习范例:哪一种问候最恰当?

A. "嗨!好久不见了。跟我来吧,让我拿两份菜单,找个位子给你们。"

B. "下午好,女士们。欢迎再次光临。是两位用餐吗?正好有一张靠窗的好位子,请随我来好吗?"

C. "下午好,我们很高兴再次见到这么可爱的女士在这里用午餐,我带您到那张靠窗的好位子去。请随我来。"

 **礼仪拓展**

酒店服务员不仅要学会礼貌用语,也要学会礼貌倾听,不同的倾听方式可以造成不同的结果。

倾听方式	具体表现	结果
错误的倾听方式	不看对方 没反应 不说话	是无视对方的倾听方式,造成对方紧张、不安 不安
正确的倾听方式	以诚恳的目光看对方 点头附和 与对方产生共鸣	让对方放松、不再紧张,是有礼貌的倾听方式 安心
积极的倾听方式	诚恳的目光 点头附和 重复重点	给对方以满足感的正确倾听方式 满足

任务三 提供优质的专业礼仪服务

 案例引入

在一个秋高气爽的日子里,迎宾员小贺着一身剪裁得体的新制衣,第一次独立走上了迎宾员的岗位。这时,一辆白色高级轿车向酒店驶来,司机熟练而准确地将车停靠在酒店豪华大转门的雨棚下。小贺看到,后排坐着两位男士,前排副驾驶座上坐着一位身材较高的外国女宾。小贺一步上前,以优雅姿态和职业性动作,先为后排客人打开车门,做好护顶关好车门后,又迅速走向前门,准备以同样的礼仪迎接那位女宾下车,但那位女宾满脸不悦,使小贺茫然不知所措。

通常后排座为上座,凡有身份者皆在此就座。优先为重要客人提供服务是酒店服务的常规,这位女宾为什么不悦?小贺错在哪里?

(资料来源:陈刚平,周晓梅.旅游社交礼仪[M].北京:旅游教育出版社,2000.)

【分析提示】

在西方国家有一句俗语:"女士优先"。在社交场合或公共场所,男士应经常为女士着想,照顾、帮助女士。诸如:人们在上车时,总要让妇女先行;下车时,先为妇女打开车门;进出车门时,主动帮助她们开门、关门等。迎宾员小贺未能按照国际上通行的做法先打开女宾的车门,致使那位外国女宾不悦。

礼仪解读

酒店前厅部礼仪服务规范

一、门童服务礼仪

1．在岗时

门童在岗时，着装要整齐，站立要挺直，不可叉腰、弯腰、倚靠，走路要自然、稳健，仪表堂堂、目光炯炯。

2．车辆到店时

（1）欢迎。载客车辆到店，负责外车道的门童迎送员要迅速走向车辆，微笑着为客人打开车门，向客人表示欢迎。

（2）开门。凡来酒店的车辆停在正门时，门童必须趋前开启车门，迎接客人下车。一般先开启右车门，用右手挡住车门的上方，提醒客人不要碰头。对老、弱、病、残及女客人应予以帮助并提醒其注意门口台阶。

（3）处理行李。遇到车上装有行李时，应立即招呼门口的行李员为客人搬运行李，协助行李员装卸行李，并注意有无遗漏的行李物品。如暂时没有行李员，应主动帮助客人将行李卸下车，并携行李引导客人至接待处办理登记手续，行李放好后即向客人交接及解释，并在迅速到行李领班处报告后返回岗位。

（4）牢记车牌号和颜色。门童要牢记常客的车牌号码和颜色，以便提供快捷、周到的服务。

（5）雨天。逢雨天客人到店时，要为客人打伞。

3．客人进店时

客人进店时要为客人开启大门，并说："您好，欢迎光临。"

4．客人离店时

（1）送客。客人离店，负责离店的门童应主动上前向客人打招呼并代为客人叫车。待车停稳后，替客人打开车门，请客人上车；如客人有行李应主动帮客人将行李放上车并与客人核实行李件数；待客人坐好后，为客人关上车门，但不可用力过猛，不可夹住客人手、脚。车辆即将开动时，门卫应躬身立正，站在车的斜前方一米远的位置，上身前倾15度，双眼注视客人，举手致意，微笑道别，说："再见""一路平安""一路顺风""谢谢您的光临""欢迎您再来"、"祝您旅途愉快！"等道别语。

（2）送团队。当团队客人、大型会议及宴会的与会者集中抵达或离开时，要提高工作效率，尽量减少客人的等候时间。对重点客人车辆抵达或离店要先行安排，重点照顾。

（3）特殊情况。当候车人多而无车时，应有礼貌地请客人按先后次序排队乘车。当载客的车多而人少时，应按汽车到达的先后顺序安

排客人乘车。

二、总台服务礼仪

1. 预订礼仪

（1）明确客人的性质。客人与酒店的第一次直接接触是在总台接待处，来酒店住宿的客人可分为预订团体、预订散客及零星散客。明确客人的性质，有利于酒店进行预先登记工作。对于预订客人，酒店可以事先为客人分房、定价、准备好登记表。但对于非预订的零星散客，则无法做到这一点，因为酒店不能事先得知客人的需求、到达时间和个人资料。所以，入住登记过程起着收集资料的作用，资料不全就无法分房及定价。

（2）文明礼貌的态度。礼貌、热情、周到。

（3）预订员报价事宜。首先，说明合理税率；其次，解释一些额外服务或宜人环境应增补的费用；第三，核实验证酒店是否有最低限度的下榻时间规定，如果有是否会影响客人的时间要求；第四，核实验证酒店是否有特殊的销售广告活动以致影响客人的下榻时间；第五，解释合理的外汇兑换汇率比价。

（4）接受或拒绝预订。预订登记表填好以后，预订员就可将预订要求与预订到达当天的可供房情况进行对照，决定是否接受客人的预订。如果接受预订，预订员随后就要确认预订。如果拒绝预订，要用友好、遗憾和理解的态度对待客人。首先称呼客人的姓氏，然后讲述由于房间订满而无法安排，争取客人的理解。客人表示理解后，下一步可根据不同的情况建议客人作些更改，如房间的种类、日期、房间数等，即使不能满足客人当初的预订要求，最终也要使客人满意。

（5）确认预订。接受预订后须加以确认。通过确认，一方面使酒店进一步明确客人的预订要求；另一方面也使酒店与客人之间达成协议。

（6）修改预订。预订被接受或确认后，客人在抵达酒店前还可能对预订内容作许多更改，如到达或离开酒店的时间、房间数、人数、住房人姓名及预订种类的变更，以至完全取消预订的情况都有可能发生。每当预订需要更改时，就要填写更改表，并将有关预订登记作相应的改动，使之保持正确。

（7）取消预订。处理取消预订必须十分谨慎，因为如果把账错算在已经取消预订的客人身上，酒店就会处于被动的地位，同时也会使客人感到不满。

（8）纠正预订容易出现的错误。记录错误：包括不正确的到达或离店日期；将客人的姓名拼错或是姓、名颠倒，这是很失礼的，遇到这种情况应立即道歉。

（9）接听电话订房。接听电话时，正确的声调应该是友好、亲切和动听的。预订部接到的电话多数是问及有关酒店的服务项目、房价等，订房员工要耐心回答，抓住机会向客人推销。报房价时，要先报豪华套房房价，然后再报低一点的普通房价。当客人表示愿意接受时，就可以进一步询问客人的要求，填写订单。

2. 入住登记礼仪

（1）登记入住。客人一抵店就迅速为其办理住房登记手续，保证总服务台经营高效率，使客人满意。登记表设计必须简单、科学、合理。

（2）缩短时间。总服务台要与客房部多联系、多协调，保证快速敏捷地为客人分配，避免造成部门之间沟通不完善，导致客人登记所花的时间太长。一般来说，总服务台员工要迅速为客人办理下榻登记、分配房间，所用时间限制在2分钟以内。

（3）精通业务。总服务台应该知道如何操作电话总机室的设备及电脑，除本职工作以外，还必须对一些突发情况即客人的特殊要求做出反应，提供协助和服务。另外，必须将一些可疑人物及不正常的事件及时向酒店主管汇报。

（4）要有强烈的责任心。在总服务台任职要有强烈的责任心，要求员工每次上班后，核实分房、客人抵达情况和结账情况，看看是否一切无误，完全正常。

（5）信息沟通。在入住登记控制信息沟通中，客房部员工必须及时将可出租的房间通知总台，总台员工再将客房租给客人。

（6）查对客房条件。总服务台必须确定并查对客人所下榻的客房条件是否符合客人所需，例如房间的类别、等级、价格等。

（7）方便客人。给客人客房钥匙时，通常是连同酒店地图一起交给客人。

（8）让客人满意。酒店员工只要按照所规定的服务程序及服务规范去做，那么毫无疑问，客人会感到满意，从客人开始步入酒店直至下榻客房，都会有一种舒适、方便、愉快的感觉。

（9）更新信息。总服务台要迅速更新有关客人迁出和换房的信息以及保持客房和客人住房情况的最新记录。查验客房房态与实际客房之间有关客人住宿情况的准确性，以便纠正住店客人账单上的差错，保证出租所有可供出租的客房。

（10）与客房互通信息。总服务台与客房部息息相关，为了保证能快速敏捷地为客人分配已整理好的洁净的空房，客房部与总服务台两个部门须互通信息，随时随地通报客房占用情况及可提供出租的房间。

3. 管理客人账户礼仪

（1）酒店员工要保证准确无误地将费用及时记入有关客人的账目上，保证在店客人的账目准确无误。

（2）不泄密。总服务台员工对有关客人的账目数据、账务有责任不泄露给任何人。如下榻酒店的某位先生使用了失效的信用卡，就没有必要到处广播，更没有必要将此事告之无关人员，必要时只允许向酒店总经理或有关管理人员汇报。

4. 退房礼仪

（1）温婉有礼。遇到客人退房，要温婉有礼，不能态度粗鲁或显得不高兴。要耐心向客人讲解酒店的有关退房规定，按规定给客人办理退房手续。客人退房时，应先呈上准确无误的结账单，再请客人付清全部费用。

（2）留下好印象。多数客人办理退房和结账手续的时间在上午7:30至9:30之间，如果员工准备工作就绪，工作安排得有条不紊，就能使退房过程顺利、有效地进行，给客人留下良好的印象。

5. 结账礼仪

（1）了解结账方式。总服务台员工在客人登记入住时必须正确了解客人选择的结账方式。如果客人选择现金结账，那么酒店通常要求客人在入住时一次付齐，而不会给付现金的客人赊账权；如果客人要求转账结算，那么要确认事先已经批准的转账地址以及转账安排。

（2）精心、小心、耐心。总服务台员工一定要牢记，在与客人谈到他的支票时，涉及的是金钱问题，一定要精心、小心、耐心。因为每一位客人的自我价值、自尊心都与钱有关，极为重要。

（3）态度温柔。酒店员工要时时保持冷静、自信，同时态度要温柔、和蔼可亲。不论客人表现如何，态度如何令人难以忍受，作为酒店员工都要和蔼、亲切地服务客人。

（4）严谨、准确、快捷。凡涉及客人费用账目的建立，有关现金、支票、信用卡、直接转账以及团队付款凭证等复杂事宜都要认真检查核实。结账尽可能迅速快捷，尽可能方便客人、简化手续，同时又要保障酒店的利润收入。

（5）出现错误时要弄清楚。假若在客人的房价、账单或是其他方面出现差错，要在客人离店以前审核清楚，并让客人满意付款后离开酒店。如果在账单方面出现极大分歧，领班或主管就要进行调查核实或者向客人解释酒店方面的情况。

（6）保持账务完整。总服务台员工要检查客人结账前最后一刻的留言、信件和尚未入账的临时费用，如餐厅、酒吧、长途电话等临时费用，以保证账务完整。如果客人出现临时费用，而这些费用账单转账到总服务台之前，客人已经离开了酒店，即需要追账。追账会损害酒店的声誉，使客人误认为酒店管理不善，应尽量避免。

（7）了解信用卡支付的最大限额。总服务台员工特别是结账收款员应该知晓酒店允许信用卡每天支付酒店费用的最大限额。

（8）核实签字。总服务台员工要进一步核实客人在费用记账传票上的签字与他本人的信用卡上的签字是否一致。如有出入，也不要大声指责客人。

三、电话总机服务礼仪

话务工作的基本要求是：声音清晰、态度和蔼、言语准确、反应迅速。

1."三响之内"接洽

所有来电务必在三响之内接洽，以充分体现酒店的工作效率。如果故意延误，提起听筒以后还照常和周围的人闲聊，把来电人搁在一边，这是不允许的。

2. 先问好，报单位后用问候语

接电话问好、报单位后用问候语，一般用中文和英文两种语言。切忌自己什么都不说，只是一味地询问对方："您叫什么名字？您是哪个单位的？"这种做法极不礼貌。另外须注意的是，问好、报单位、问候语这三者的顺序不能颠倒弄错。这

样显得彬彬有礼,给人一种亲切感。

3. 避免用过于随便的语言

热情、修辞恰当的语句是电话问答成功的一半,因而不要使用非正规的、非专业的以及不礼貌的语句。

4. 电话接线要迅速准确

下榻在酒店的客人所接到的电话大多数是长途电话,都很重要,因而电话接线要迅速准确。另外,不得误传客人的信件或电话留言,一定要做到认真、耐心、细心。通话时,听筒一头放在耳朵上,另一头置于唇下约5厘米处,中途若须与他人交谈,应用另一只手捂住听筒。

5. 注意聆听

在客人讲完之前不要打断也不可妄下结论,对听不清楚的地方,要复述客人的话并确认,以免搞错。听电话时要注意礼貌,仔细聆听对方的讲话,要对对方重要的话进行重复和附和,应不时地用"喂""对""是"来给对方积极的反馈。如对方是发出邀请或会议通知,应致谢;如对方是反映问题或客人投诉,接待要耐心,回复对方的话语要十分注意语气和措辞,要显得热情、诚恳、友善、亲切,并使对方能体会到你对他的关注。

6. 做好记录

重要的事件应做好记录。记录时要重复对方的话,以检验是否无误;然后等对方来结束谈话。如果电话上定不下来,可告知对方待请示领导后,再通电话决定。

7. 通话完毕

通话结束时,应说"谢谢您!"通电话以对方挂断电话方为通话完毕,任何情况下不得用力掷听筒。

酒店客房部礼仪服务规范

一、迎客的准备工作礼仪

准备工作是服务过程的第一个环节,它直接关系后面的几个环节和整个接待服务的质量,所以准备工作要做得充分、周密,并在客人进店之前完成。

1. 了解客人情况

为了正确地进行准备工作,必须先了解将要来到的客人的到店时间、离店时间、从何地来、到何地去、人数、身份、国籍、健康状况、性别、年龄、宗教信仰、风俗习惯、生活特点及接待规格、收费标准和办法等情况,以便制定接待计划,安排接待服务工作。

2. 房间的布置和设备的检查

根据客人的风俗习惯、生活特点和接待规格,对房间进行布置整理。根据需要,调整家具设备,铺好床,备好热水瓶、水杯、茶叶、冷水具及其他生活用品和卫生用品。补充文具夹内的信封、信纸、服务指南、客人须知和各种宣传品,补充冰箱的饮料。

按照接待规格将酒店经理的名片放在桌上,如是重要客人还要准备鲜花和水果,以示欢迎。如果客人在风俗习惯或宗教信仰方面有特殊要求,凡属合理的均应予以满足。对客人宗教信仰方面忌讳的用品,要从房间撤出来,以示尊重。

房间布置好之后,要对房内的家具、电器、卫生设备进行检查,如有损坏要及时报修。要试放面盆、浴缸的冷热水,如发现水质混浊,须放水至水清为止。

3. 迎客的准备

客人到达前要调好室温,如果客人是晚上到达,要拉上窗帘、开亮房灯、做好夜床。完成准备工作后,服务员应整理好个人仪表,站在电梯口迎候。

二、客人到店的迎接礼仪

1. 梯口迎宾

客人由行李员引领来到楼层,服务员应面带笑容,热情招呼。如果事先已得知客人的姓名,在招呼时应说:"欢迎您!××先生。"然后引领客人到已为客人准备好的房间的门口,侧身站立,行李员用钥匙打开房门,请客人先进。

2. 介绍情况

客人初到酒店,不熟悉环境、不了解情况,行李员要向客人介绍房内设备及使用方法,还要向客人介绍酒店服务设施和服务时间。

3. 端茶送巾

客人进房后,针对接待对象按"三到"即"客到、茶到、毛巾到"的要求进行服务。如客人喜欢饮冰水、用冷毛巾,也应按其习惯送上。

4. 陪客人到餐厅

对初次来店的客人,第一次用膳时要主动陪送到餐厅并向餐厅负责人介绍客人饮食特点及收费标准和办法等。

三、住客的服务工作礼仪

为了使客人住得舒服、愉快,有"宾至如归"之感,日常的服务工作必须做到主动、热情、周到、细致。

1. 整理房间

按照客人的接待规格、要求和酒店"住房清扫程序"进行整理。上午要按照程序进行清扫,拉开窗帘、倒垃圾、换烟灰缸、换布巾、扫地板、擦家具和各种物品,补充房间的茶叶、文具用品,清扫、整理卫生间;客人午间休息起床后进行小整理,倒垃圾、换烟灰缸、整理床上卧具、撤换用过的毛巾;晚上利用客人去餐厅用餐的时间,到房间做夜床并再一次小整理。

2. 委托代办和其他服务

要认真、细致、及时、准确地为客人办好委托代办的事项,如洗衣、房间送餐、访客接待和其他委托代办的事宜。

3. 安全检查

酒店首先应对客人的生命财产负责,确保客人的安全是客房部的一项极其重要的职责。如果因措施不力或工作疏忽,使客人的人身或财物受到损害,不仅酒店在经济上要受到损失,更严重的是酒店的声誉也要受到影响。因此,必须在每个服务环节上做好安全措施。

四、客人离店的工作礼仪

1. 做好客人走前的准备工作

要了解客人离店的日期、时间,所乘交通工具的车次、班次、航次,核查所有委托代办的项目是否已办妥,账款是否已结清,有无错漏。问清客人是否需要提前用餐或准备饭盒餐。早晨离店的客人是否需要叫醒,什么时间叫,如房间有自动叫醒钟应告诉客人如何使用。最后问客人还有什么需要帮助做的事情,如果有的事情在本部门不能完成,应与有关部门联系,共同协作,做好客人离店的准备工作。

2. 定时的送别工作

利用客人就餐时间,检查客人有无物品遗留在房间,如有,要及时提醒客人。客人离开楼层时,要热情送到电梯口,有礼貌地说:"再见""欢迎您再来"。要有服务员帮助客人提行李,并送至大厅。对老、弱、病、残客人要有专人护送下楼,并搀扶上汽车。

3. 客人走后的检查工作

客人走后要迅速进入房间,检查有无客人遗忘的物品,如有应立即派人追送,如追送不及应交总台登记保管,以便客人寻找时归还。同时,要检查房间内小物品如烟灰缸或其他手工艺品有无丢失,电视机等设备有无损坏,如有应立即报告主管。

酒店餐饮部礼仪服务规范

一、餐前准备服务礼仪

(1)餐厅卫生。
(2)茶具卫生。
(3)个人卫生。
(4)如有预订或宴会要预先了解客人的情况。

二、迎领服务礼仪

(1)热情问候。
(2)礼貌征询情况:是否有预订、就餐人数。
(3)规范引位:姿势、左斜前方1.5米。
(4)根据客人的要求引位。
(5)按礼仪顺序安排客人入座。
(6)拉椅让座。
(7)认真把客人的情况告诉值台服务员。
(8)礼貌告退:祝客人用餐愉快,先退一步再转身离开。

三、用餐服务礼仪

1. 点菜服务礼仪

(1)站在客人的左后方。
(2)双手按礼宾顺序送菜单。
(3)耐心等候客人。
(4)如客人愿意,应主动帮助客人介绍菜肴。
(5)认真记录点菜单。
(6)重复客人点的菜名。
(7)客人点的菜已售完,要先道歉并作解释,再及时主动向客人介绍其他同味或类似制作方法的菜肴。

（8）客人提出的特殊要求要尽量满足。

（9）点菜完毕应该问清楚客人上菜的时间。

（10）恭请客人等候。

（11）礼貌告退。

（12）迅速准确地下单。

2．上菜服务礼仪

（1）上菜要迅速：点菜完毕后10分钟内凉菜要上齐，热菜不超过20分钟。

（2）把好菜的质量关。

（3）操作要三轻：走路轻、说话轻、操作轻。

（4）上菜动作要干净利落：做到轻、准、平、稳，不推、拉餐盘；上带皮、骨、壳的菜式时要跟上相应的配食佐料、香巾（或餐巾纸）；勤撤碗碟、收拾台面，保持桌面清爽。

（5）上菜的顺序要正确。

（6）选择合理的上菜位置：不能站在主宾和客人之间或旁边的位置。

（7）准确报菜名。

（8）菜要放在主宾的位置；桌面不够摆放时，可以把桌面上的盘碟移好位置，撤掉空盘；征得客人同意后合并同类菜；将所剩不多的菜换小盘；切忌菜盘叠放。

（9）菜的朝向要正确。

（10）菜上齐后，应礼貌告诉客人："菜已上齐，请慢用。"

3．席间服务礼仪

（1）做到"四勤"：眼勤、嘴勤、手勤、腿勤。

（2）站位要正确：斟酒水在客人的右侧进行，上菜、派菜从客人左侧进行，撤盘从客人右侧进行。

（3）服务顺序正确：先主宾后主人，先女宾后男宾，先主要宾客后一般宾客。

（4）上菜、撤盘要细心。

（5）派菜要掌握好分量，做到分派均匀。

（6）撤盘、换烟灰缸的方法要正确，要勤。

（7）斟倒酒水要及时，不滴酒。

四、结账服务礼仪

（1）客人提出结账要求后立即核实账单。

（2）账单无误后放在收款盘里或收款夹内，账单正面朝下、反面朝上，送至宾客面前，请客人过目。如果客人对账单产生疑问，应说："对不起，我到吧台为您查一下，请您稍候。"如确实有误，应向客人诚恳道歉，以求客人原谅；如无错误，应婉转解释，讲清各项费用。

（3）如果是住店客人签字，服务员要立即送上笔，同时有礼貌地请宾客出示酒店欢迎卡或房间钥匙卡。

（4）如有客人跑单，要灵活处理。

（5）客人起身离去时，应及时为客人拉开座椅。

（6）注意观察和提醒客人不要遗忘随身物品。

(7)服务员要礼送客人至餐厅门口,向客人礼貌道别。

五、特殊情况服务礼仪

1. 客人投诉服务礼仪

(1)餐饮服务中遇到投诉,应礼貌诚恳、态度温和地接待客人,认真倾听客人反映的情况和意见。

(2)要及时向客人表示歉意,不得与客人争辩,并尽快将情况报告给有关管理人员。

(3)若投诉情况属实,不得推卸责任,应根据情况采取积极有效的措施及时改进,并请客人原谅,同时对客人提出意见和建议表示感谢。

(4)若客人因不了解菜肴风味或其他原因而导致投诉有误时,不能讽刺讥笑,应礼貌机智地进行处理,态度和蔼真诚,不能让客人感到尴尬。

2. 残疾宾客服务礼仪

(1)选择合适的餐桌、座椅和餐具。

(2)对残疾宾客要尊重照顾、关心体贴、细致耐心,不能使宾客觉得受到冷落或只是同情和怜悯。

(3)不要去笑话残疾宾客。

3. 醉酒宾客服务礼仪

(1)对饮酒过量的客人应审时度势、灵活处理,既不能轻易得罪客人,又不能听任客人因无节制地饮酒而闹事。

(2)对已有醉意、情绪变得激动的宾客,要注意礼貌服务,不得怠慢、不得讽刺,服务要及时迅速。

(3)如果客人不停地要酒,并且言行已经开始失态,可以试着建议其饮一些不含酒精的饮料,同时及时报告上司和保安人员来帮助处理。

(4)如果醉酒客人提出一些非分要求,应根据具体情况礼貌婉转地予以回绝。

(5)已经醉酒的客人应尽快带离餐厅,以免影响其他客人。

4. 汤汁洒出服务礼仪

(1)操作时若不小心把汤汁洒在餐桌上,应立即向客人表示歉意,并迅速用干净餐巾垫上或擦干净。

(2)如果汤汁洒在客人身上,应马上道歉,尽快采取果断补救措施,用干净的毛巾替客人擦拭,如果是异性宾客,应递由宾客自己擦拭。根据污渍的大小和客人的态度,适时提出为宾客洗涤衣物,并为客人找来准备替换的干净衣服。

(3)如果客人用餐中不小心把汤汁洒在餐桌或身上,应主动帮助客人处理。

思考与训练

1. 门童、总台服务员应如何进行礼仪服务?

2. 电话总机服务员应如何进行礼仪服务?
3. 客房服务员应如何进行礼仪服务?
4. 点菜之前,服务员应了解哪些服务礼仪?
5. 案例分析:

　　一个周末的晚上,一位小有名气的企业家为老母做六十大寿,特意选中某大酒店,想让母亲高兴高兴。来宾一共坐了6桌,服务员很规范地站立一旁,每道菜送上时,服务员照例旋转一次,报个菜名,让每位客人尝菜以前先饱一下眼福。然后便是派菜。服务员挺称职,换碟子、斟饮料,都按程序进行,菜烧得也不错。宴席结束后,餐饮部经理同那位企业家闲聊起来,他想听取客人的意见,掌握第一手资料。然而,客人的一番话使他大吃一惊。客人说,第一,这顿饭菜很精致,但都没吃饱;第二,今天母亲大寿,原想多拍几张照片,但因桌上多是空盘,稀稀拉拉,估计照片效果不佳,所以只拍了几张;第三,原想搞得热热闹闹,但因服务员包下了派菜,所以整个过程便冷冷清清了。

　　试分析如何把握好派菜服务?

6. 在教师指导下,全班分成若干小组,根据前厅、客房、餐厅各工种岗位,模拟训练各岗位的礼仪服务,具体要求如下:
　　(1) 同学两人一组进行接电话礼仪模拟操作练习。
　　(2) 模拟门童的礼仪服务。
　　(3) 模拟总台服务员的礼仪服务。
　　(4) 模拟客房服务员的礼仪服务。
　　(5) 模拟餐厅服务员的礼仪服务。

礼仪拓展

安排客人就座的小知识

(1) 询问客人是否选择无烟区就餐。
(2) 将打扮华美的女士安排在餐厅中央。
(3) 将新婚夫妇、情侣引至靠窗临角。
(4) 携带小孩的家庭,要引至即使吵闹也不会影响他人的餐位。
(5) 将仪表服饰、谈吐不佳者引至不显眼的地方。
(6) 将年迈者或身体行动不便者就近安排在餐厅出口处。
(7) 如座位宽裕,尽量按客人要求安排座席。
(8) 到达餐位后,询问客人对之是否满意。

项目二　导游服务礼仪

项目目标： 本项目分为五个任务，任务一主要阐述了导游服务礼仪的基本规范，任务二至任务五主要阐明了导游服务的仪容仪表仪态、导游语言服务礼仪、导游员的工作礼仪以及导游服务涉外礼仪。每个任务通过案例引入、礼仪解读、思考与训练和礼仪拓展等单元体现了理论与实际的结合。

任务一　导游服务礼仪的基本规范

游客为何如此生气

某旅行社质监部小张在晚上十一点接到了一个投诉电话。游客刘某怒气冲冲地说："我要投诉你们的导游，这太让我生气了！"

小张马上说道："先生，请不要着急，先告诉我您的姓名和团号以及导游姓名。如果确有损害游客利益的事情发生，我们一定会调查处理，给您一个满意的答复。"这时，游客才将语气缓和下来，告诉小张自己的姓名、所跟团号及导游姓名。随后开始讲述自己被导游遗忘的经历："那天早上我根据旅行社的规定7:00赶到规定地点集合，但是导游7:15才带我们出发，这也就算了。你们的导游不着工作服、不拿导游旗、不主动联系客人，以致游客们都不知道导游在哪里，什么时候出发。最严重的是，回来时导游竟然将我落在了集合地。当时，我已经到达指定地点，提前半小时等候并且签了名，但最后发车时导游竟没有叫我。而且上车的地方也并不是原定的集合地点。我不知道换了上车地点，导游没有主动联系我，也没有找过我，只是以要准时发车为由，就将我落在原集合地点。导游还说，你已经签名了，她不负责任，让我自己坐车回家。还好我买到了末班车车票，当晚回到了家。但我还是要投诉你们的导游，并要求旅行社赔偿回来的路费。据我了解，你们的导游是兼职导游，到底有没有培训过？有没有导游证？"

小张听后，说道："如果您说的是实情，我们一定会给您一个满意的答复，我会马上联系当事导游了解情况，明天就给您答复，好吗？"游客这才将火气降下来，答应明天再联系。

第二天，游客刘某果然接到了小张的电话，小张抱歉地承认,确实是导游失职。并请客人隔天到旅行社领取赔偿金,"非常感谢您的建议,我们的导游确实是兼职导游,因为是旅游旺季,培训不够,我们会在以后的工作中改进和完善的。"小张说。

游客刘某拿到了赔偿金,心中的不满也平息了。

【分析提示】

从游客投诉的内容来看,导游有以下工作没做好。不着工作服,不拿导游旗,缺乏专业性;不主动联系、寻找游客,缺乏主动性;工作程序不对,导游不应在集合点签名,而应在车上签名,当发现游客不见时,应主动电话联系,而不能以游客已经签名为由,置游客于不顾,缺乏责任心。

旅游旺季时,一些旅行社往往病急乱投医,请的导游没有导游证、没有经过培训,就仓促上马,甚至没有跟团的经历,没有老导游传帮带,长期下去势必影响旅行社的品牌和形象,进而影响旅行社的经济效益。因而,即便是在旅游旺季,旅行社也应积极主动地培训新导游,告知注意事项,明确工作程序。必要时可将易遭投诉的事件及对策编辑成册,供导游学习,以避免类似投诉。

礼仪解读

导游是旅行社最具代表性的工作者,是旅游业从业人员中与游客接触最多的人,是游客的"指南针"。导游的言谈举止会给游客留下深刻的印象。在游客心目中,导游往往是一个地区、一个民族乃至一个国家的形象代表。因此,导游人员在不断提高个人综合业务技能的同时,还要自觉加强礼仪修养。具体应做到以下几点:

1. 守时守信

遵守时间是导游员应遵循的最为重要的礼仪规范。由于游客参观游览活动都是有一定的行程安排并有较强的时间约束,因此为了确保团队活动的顺利进行,导游员必须尽早将每天的日程安排明白无误地告知给每位游客,并且随时提醒。同时,应按照规定的时间提前到达集会地点,按约定的时间与客人会面。如有特殊情况,必须耐心地向客人解释,以取得谅解。此外,导游员还应该做到诚实守信,答应客人办理的事情,必须尽力帮助处理并及时告知处理结果。

2. 尊重游客

导游员在带团过程中,应尊重游客的宗教信仰、风俗习惯,特别要注意他们的宗教习惯和禁忌。对游客应一视同仁,不厚此薄彼,但对于旅游团中的长者、女士、幼童及残疾游客等特殊人员应给予更多的关照,做到体贴有加而非同情、怜悯。对重要客人的接待服务应把握好分寸,做到不卑不亢。对随团的其他工作人员(如领队或全陪)也应给予应有的尊重,遇事多沟通,多主动听取意见,以礼待人。

3. 举止大方

外出旅游时,应清点人数,但不宜用手指点;车子发动时,要提醒游客坐稳;行车时一般可致欢迎词,包括自我介绍,并祝愿游客们在旅游期间身体健康、旅途愉快。导游员讲话时要音调轻柔甜美,音量适中,手势简练,举止大方。

4. 重视沟通

对游客在旅游过程中的特殊要求应尽量满足,根据有关规定不允许办理的事情应有礼貌地婉言拒绝。对旅游过程中发生的各种差错和事故,导游要冷静、耐心、礼貌地协助有关部门处理。导游人员要做好服务工作,还要讲求与司机、酒店、交通部门和商店服务人员的通力合作。

5. 互敬互谅

导游工作只是整体旅游接待工作的一个组成部分。如果没有其他相关人员,尤其是随团司机、旅游景点、购物商场以及酒店等一系列为游客提供直接和间接服务的工作者的大力支持与通力合作,导游服务接待工作就无法圆满完成。为此,尊重每位旅游服务工作者,体谅他们的工作处境与困难,积极配合他们的工作,是做好导游服务工作的前提保障,也是导游员良好礼仪素养的又一体现。

思考与训练

1. 简述导游服务礼仪的基本规范。
2. 案例分析:

一位老师带领学生们前往一大集团公司参观,老总是该老师的大学同学。老总不仅亲自接待,还非常客气。工作人员为每位同学倒水,席间有位女生表示自己只喝红茶。学生们在有空调的大会议室里坐着,大多坦然接受服务,没有半分客气。老总办完事情回来后,不断向学生表示歉意,竟然没有人应声。当工作人员送来笔记本、老总亲自双手递送时,学生们大都伸着手随意接过,没有起身也没有致谢。从头到尾只有一个同学起身双手接过工作人员递过来的茶和老总递来的笔记本时客气地说了声:"谢谢,辛苦了!"最后,只有这位同学收到了这家公司的录用通知。有同学很疑惑甚至不服:"他的成绩并没有我好,凭什么让他去而不让我去?"老师叹气说:"我给你们创造了机会,是你们自己失去了。"

试分析是什么原因使这些同学失去机会的?这些同学有哪些行为是不合乎礼仪的?

礼仪拓展

导游沟通协调礼仪

一、善于洞悉游客心理

俗话说:"凡事预则立。"一名合格的导游,要圆满完成带团任务,并尽量使每个游客玩得开心、游得满意,应对所接团成员的姓名、国籍、种族、身份、年龄、性别、职业、文化程度等方面的资料进行详细了解,并对他们的旅游动机、心理需求、游览偏好等情况做出大致的预测,从而对合理安排旅游路线、合理分配景点停留时间、确定景点介绍的侧重点有一个全面的把握,以使整个接团工作在团队未来之前便已做到心中有数。

二、善于激发游客兴趣

游客游兴如何是导游工作成败的关键。游客的游兴可以激发导游的灵感,使导游在整个游程中和游客心灵相融,一路欢声笑语;相反,如果游客兴味索然,表情冷漠,那么即使导游竭尽所能,也会毫无成效。

游客的兴趣具有多样性和复杂性,同时也有能动性特点。如何使游客的兴趣由弱到强,并具有相对的持久性和稳定性,这与导游的积极调动、引导有很大的关系。激发游客游兴的因素包括两个方面:一是景观本身的吸引力;二是导游借助语言功能调动和引导的作用。

导游的景点介绍,一定要注意讲解的针对性、科学性和语言表达主动性的完美结合,应根据不同的景点(人文景观如故宫、颐和园,自然景观如桂林山水)进行详略不同的介绍,有的具体详尽,有的活泼流畅,有的构思严谨,有的通俗易懂。总之,景点介绍的风格特点和内容取舍,始终应以游客的兴趣为前提。

另外,在游览过程中要善于变换游客感兴趣的话题,可根据不同游客的心理特点,做如下选择:① 满足求知欲的话题;② 刺激好奇心理的话题;③ 决定行动的话题;④ 满足优越感的话题;⑤ 娱乐性话题。

三、善于调节游客情绪

情绪是人对于客观事物是否符合本身需要而产生的一种态度和体验。

旅游活动中有相当多的不确定因素和不可控制因素,随时都会导致计划的改变。例如有时由于客观原因游览景点要减少,游客感兴趣的景点停留时间要缩短;预订好的中餐因为某些不可控制的因素,临时改变吃西餐;订好的机票因大风、大雾停飞,只得临时改乘火车……类似事件在接团和陪团时会经常发生。这些都会直接或间接影响游客的情绪。

案例:一个旅游团因订不到火车卧铺票而改乘轮船,游客十分不满,在情绪上与导游形成了强烈的对立。导游面带微笑,一方面向游客道歉,请大家谅解,解释是由于旅游旺季火车票的紧张状况导致了计划的临时改变;另一方面,耐心开导游客,乘轮船虽然速度慢一些,但提前一天上船,并未影响整个的游程,并且在船上能够欣赏到两岸的风光,相当于增加了一个旅游项目。导游成功地运用分析方法,以诚恳、冷静的态度,幽默、风趣的语言,很快化解了游客的不满情绪。

四、导游沟通协调技巧

1. 回答问题技巧

游客来自世界各地,兴趣爱好不同、游览动机不同,提问方式五花八门,提出的问题稀奇古怪。对不同问题所采取的立场态度和所选择的回答方法,是检验一个导游人员灵活运用语言的能力和临场应变能力的标准之一。回答疑难问题可以运用下列技巧:

(1) 原则问题是非分明。客人提出的某些问题涉及一定的原则立场,一定要给予明确的回答。这些问题有些涉及民族尊严,有些涉及中国的国际形象,如"一国两制""台湾问题"等,要是非分明、毫不隐讳,并力求用正确的回答澄清对方的误解和模糊认识。

案例:西方游客在游览河北承德时,有人问:"承德以前是蒙古人住的地方,因为它在长城以外,对吗?"导游员答:"是的,现在有些村落还是蒙古名字。"又问:"那么是不是可以说,汉人侵略了蒙古人的地盘呢?"

导游答:"不应该这么说,应该叫民族融合。中国的北方有汉人,同样南方也有蒙古人。就像法国的阿拉伯人一样,是由于历史的原因形成的,并不是侵略。现在的中国不是哪一个民族的国家,而是一个统一的多民族国家。"客人听了都连连点头。

(2)诱导否定。对方提出问题以后,不马上回答,而是先讲一点理由,提出一些条件或反问一个问题,诱使对方自我否定,自我放弃原来提出的问题。

(3)曲语回避。有些客人提出的问题很刁钻,使导游在回答问题时肯定和否定都有漏洞,左右为难,还不如以静制动,或以曲折含蓄的语言予以回避。

案例:有一位美国游客问一位中国导游员:"你认为是毛泽东好,还是邓小平好?"导游巧妙地避开其话锋,反问道:"您能先告诉我是华盛顿好还是林肯好吗?"客人哑然。

2. 拒绝技巧

游客的性格各异,要求五花八门,有些合理要求作为导游人员应当尽量予以满足,而有些不尽合理的要求,按照礼貌服务的要求,导游不能轻易对客人说"不"。如何让客人在要求得不到满足时能处之泰然,不至陷入尴尬境地呢?

下面介绍几种符合礼貌服务的拒绝艺术:

(1)微笑不语。遭人拒绝是最令人尴尬难堪的事,为了避免遭遇这种难堪,一般人通常选择不轻易求人。所以不论是何种情况,导游人员都不应直截了当地拒绝客人的要求。但有时客人提出的一些要求我们又不得不拒绝,此时,微笑不语是最佳选择。满怀歉意地微笑不语,本身就向客人传达了一种"我真的想帮你,但是我无能为力"的信号。

(2)先是后非。在必须就某个要求向客人表示拒绝时,可采取先肯定对方的动机,或表明自己与对方主观一致的愿望,然后再以无可奈何的客观理由予以回绝。

案例:在故宫博物院,一批外国游客看到中国皇宫建筑的雄伟壮观,纷纷要求摄影拍照,而故宫的有些景点是不允许拍照的,此时导游诚恳地对客人说:"以感情上讲,我真想帮助大家,但这里有规定不许拍照,所以我无能为力。"这种先"是"后"非"的拒绝法,可以缓解对方的紧张情绪,使对方感到你并没有从情感上拒绝他的愿望,而是出于无奈,这样在心理上也容易接受。

(3)婉言谢绝。婉言谢绝,是指以诚恳的态度、委婉的方式,回避他人所提出的要求或问题的技巧。即运用模糊语言暗示客人,或从侧面提示客人,其要求虽然可以理解,但由于某些客观原因不便答复。为此只能表示遗憾和歉意,感谢大家的理解和支持。

拒绝客人的方法还有不少,如顺水推舟法:即拒绝对方时,以对方言语中的某一点作为拒绝的理由,顺其逻辑性得出拒绝的结果。顺水推舟式的拒绝,显得极有涵养,既能达到断然拒绝的目的,有不至于伤害对方的面子。

总之,多数情况下拒绝客人是不得已而为之,只要措辞得当、态度诚恳并掌握适当的分寸,客人是会予以理解和接受的。

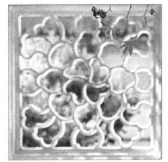

任务二　导游服务的仪容仪表仪态

请另谋高位

某酒店招聘文秘人员,待遇优厚,应者如云。中文系毕业的小李同学前往面试,她的履历材料非常突出:大学四年中,在各类刊物上发表了3万字的作品,内容有小说、诗歌、散文、评论等;为六家公司策划过周年庆典;英语口语表达也极为流利;书法更是堪称佳作。小李五官端正,身材高挑、匀称。面试时,招聘官拿着她的材料等她进来。小李穿着迷你裙,露出藕段似的大腿,上身是露脐装,涂着鲜红的唇膏,轻盈地走到一位考官面前,不请自坐,随后跷起了二郎腿,笑眯眯地等着问话。孰料,三位招聘官互换了一下眼色后,主考官说:"李小姐,请回去等通知吧。"她喜形于色:"好!"拎起小包飞跑出门。

【分析提示】

面试,在你说第一句话之前就已经开始了。面试官会通过你的外表、仪态、神情对你进行判断。不少面试者因为风度欠佳、仪表过于随便,给人留下不够庄重的感觉。参加面试时,女士着装以整洁美观、稳重大方、协调高雅为总原则,服饰色彩、款式、大小应与自身的年龄、气质、肤色、体态、发型和拟聘职业相协调、相一致。

在日常生活中养成讲卫生、爱清洁、着装得体的习惯,不仅是导游员个人文明的表现,也是导游职业礼仪的基本要求。

1. 导游服务的仪容要求

(1)头发应保持清洁和整齐。经常梳洗,无头屑,长短适宜,不梳怪异发型。头发被吹乱后应及时梳理,但不可当众梳头,以免失礼。

(2)牙齿应保持洁净。导游员要经常开口说话,洁白的牙齿给人以美感。故此,导游应坚持早晚刷牙,饭后漱口。带团前忌吃葱、蒜、韭菜等易留异味的食物,必要时可用口香糖或茶叶来减少口腔异味。

(3)为保持面容光泽,女士可施淡妆,但不要浓妆,不当众化妆或补妆;男士应修短鼻毛,不蓄须。

(4)注意手部清洁。指甲应及时修剪,不留长指甲,指甲内不藏污纳垢,女士不涂抹有色指甲油。

2. 导游服务的仪表要求

在服饰穿戴方面,导游员除了遵循职业工作者的基本服饰礼仪规范要求外,还应该注意以下五点:

(1)应按照旅行社或有关部门的相关规定统一着装。无明确规定者,则以选择朴素、整洁、大方且便于行动的服装为宜。带团时,导游员的服装穿着不可过于时尚、怪异或花俏,以免喧宾夺主,使游客产生不必要的反感。

(2) 无论男女,导游员的衣裤都应平整、挺括。特别要注意衣领、衣袖的干净;袜子应常换洗,不得带有异味。

(3) 男士不得穿无领汗衫、短裤和赤脚穿凉鞋参加外事接待活动。女士可赤脚穿凉鞋,但趾甲应修剪整齐;穿裙装时,注意袜口不可露在裙边之外。

(4) 进入室内,男士应摘下帽子,脱掉手套;女士的帽子、手套则可作为礼服的一部分允许在室内穿戴。无论男女,在室内都不可戴墨镜,如有眼疾非戴不可,应向他人说明原因。

(5) 带团时,一般除了代表本人婚姻状况的指环外,导游员的饰物佩戴不宜过多。

3. 导游服务的仪态要求

合乎规范、优雅大方的工作仪态是导游带团必须达到的礼仪要求。带团过程中,导游在站、坐、走的基本仪态方面应该注意以下三点:

(1) 站姿。导游的站姿应稳重、自然。站立时,身体直立,挺胸收腹,双肩后展,两臂自然下垂(除手持话筒外),两脚或同肩等宽或呈"V"字型,身体重心可轮流置于左右两脚之上。手的位置有三种摆法:一为侧放式,即双手分别放置腿的两侧;二为前腹式,即双手相交于小腹前;三为后背式,即双手相握放置腰际处。无特殊情况,双手忌叉两腰或插在衣裤袋中或将双臂相绕置于胸前。

(2) 坐姿。端稳是导游坐姿的基本要求。即便是在行进的汽车上,导游也应注意保持规范的坐姿,双手可搭放在座位的扶手上或交叉于腹部前或左右手分放于左右腿之上。双腿自然弯曲,两膝相距,男士以一拳为宜;女士双膝应并拢,切忌分腿而坐。此外,无论男女,坐姿均不可前倾后仰、东倒西歪,不高跷二郎腿,不将脚底示众,不随意抖动腿脚。

(3) 步态。步态是导游最主要的一种工作姿态。前行引导、登山涉水,导游无不靠行走来完成其导游工作。带团时,导游的步态应从容、轻快,上体挺直,抬头含颔,收腹挺胸,身体重心略向前倾;双肩放松,两臂前后自然摆动;步幅适中、均匀,步位平直。行进中,避免弓背、哈腰、斜肩、左右晃动,双手插袋,步伐滞重,更不得随意慌张奔跑。

思考与训练

1. 练习正确的站姿、坐姿、走姿。

礼仪拓展

"相貌的美高于色泽的美,而秀雅适宜的动作美,又高于相貌的美,这是美的精华。"

——培根

导游工作人员在对客服务中还可以通过以下姿势展现仪态美。

(1)鞠躬。行鞠躬礼时,以髋关节为轴,上身向前、向下行礼。在工作岗位上通常行15度到30度的鞠躬礼。

(2)"请"的手势:

　　单臂横摆式　　　　双臂横摆式　　　　　曲臂式　　　　　　直臂式

任务三　导游语言服务礼仪

 案例引入

在美国纽约的一家麦当劳餐厅,客服代表的服务用语非常人性化,能让客户感受到关怀和温暖。

"Hello,周末愉快!很高兴为您效劳!"

"给我一个吉士汉堡,外加一杯热牛奶,我10分钟后到。"

"嗨!是吉米小姐吗?太好了!我认识您,上次我接过您的电话,我听出了您的声音!哈哈(对方传来了笑声)!看来您今天的心情不错!"

"是啊!今天天气不错!所以心情也不错!您也是。"

"谢谢!一个吉士汉堡,一杯热牛奶,没问题!"

【分析提示】

这是一段充满风趣幽默的客服代表与客户交流的情景对话,从语言交流中,我们所感受到的沟通气氛是怎么样的呢?轻松、融洽、和谐、风趣,这位客服代表创新的问候语和热情的笑声,创造了良好的沟通环境,这个案例值得我们认真考究和学习。导游怎样运用语言服务,营造一种与客户交流的良好沟通环境,促进沟通效果,达到为客户服务的预期目的,这是至关重要的。

礼仪解读

导游语言一般是指导游人员与游客交流思想、表达感情、指导游览、进行讲解、传播文化时使用的一种具有丰富表达力、生动形象的口头语言。语言是导游人员最重要的基本功之一,是导游服务最重要的工具。导游服务工作要求导游人员具有比较坚实的语言功底,在与游客交流时、讲解时,语言表达力求正确、得体,要在"达意"和"舒服"上下功夫,在"美"上做文章。导游语言得体、优美不仅仅反映了自己的语言水平,也是对游客的尊重。导游语言是一种口头语言,要求导游人员在工作现场能以准确、高雅的语言,生动形象地进行导游讲解,导游语言的表达应力求做到:达意、流畅、得体、生动和灵活。

(1)达意。语言的达意是要求导游所传递的信息不仅应准确,而且还要易被游客理解。一是发音正确、清楚;二是遣词造句准确、简洁;三是表达有序,条理清晰。

(2)流畅。流畅即要求导游的语言表达连贯,无特殊情况,言语中间不作较长时间的停顿,语速适中,快而不乱,慢而不滞。口语表达中过多的重复和停顿以及不良的习惯无疑会影响游客的倾听效果。

(3)得体。所谓得体,就是言语运用要妥当、有分寸。得体的导游语言必须符合导游的角色身份,要以体现对旅游者的尊重为前提。在带团过程中,应多用敬语和服从语,以委婉、征询的句式与游客交流。

(4)生动。生动是导游语言最为突出的特点。导游人员在讲解内容准确的前提下,应以生动、有趣且具感染力的语言活跃气氛,增添游客的游兴,以趣逗人。

(5)灵活。灵活强调的是导游的语言表达应做到因人、因地、因时而异,导游在讲解时必须充分考虑游客的文化背景、认知水平、兴趣爱好及职业特点等异同,并据此有针对性地决定内容的取舍和表达方式的选择,以提高游客的接受和理解能力。

此外,导游在与客人进行语言沟通时还要注意如下几方面:

1. 用语礼貌

导游的言语要文雅、谦虚敬人。并能够客气、耐心地解答游客的提问,令游客听后心情愉悦。这是导游礼仪的突出体现。

2. 内容充实

导游讲解的内容要充实、有说服力,切忌空洞;导游的语言应是客观事物的观念化,具有鲜明的思想性;语言的表达要平实,不玩弄美丽的辞藻。

3. 实事求是

导游要有责任心,要对自己所讲的话负责,切忌弄虚作假;导游的讲解必须有根有据,令人信服。讲解过程中遇到游客提问,要客观回答、实事求是,不得胡编乱造、张冠李戴。

4. 投入感情

导游的讲解不单是信息的交流,同时也是与游客情感的交流。优秀的导游在讲解时应投入感情,言语友好,富有人情味,注意语音、语调,让听者感到亲切、温暖。同时在讲解时必须精神饱满,语言抑扬顿挫,但不矫揉造作、哗众取宠,多用形象化的语言,引人入胜。

5. 妙趣横生

讲话诙谐风趣是导游语言艺术性的重要体现,它使导游的讲解锦上添花,使听者欢笑、轻松愉快,使气氛活跃,能提高旅游者的游兴。

思考与训练

在老师的具体指导下,全班分成若干小组,结合旅行社各工作岗位的实际,进行礼貌服务接待的模拟训练,学生按抽到的交际话题与扮演游客的学生进行交谈。具体内容如下:

1. 见面寒暄语运用

要求:见面时要得体地与游客寒暄,语言简洁却不失礼节。

场景设计:早晨在景区门口见到第一批游客。

2. 劝说语言运用

要求:当游客情绪比较消极或过于激动时,导游须采用适当的劝说技巧使游客情绪有所转变。劝说应注意以理服人,语气婉转,态度真诚,要充分尊重对方。

场景设计:当游客来到景区参观时,正好下起了雨,他们心情沮丧。你将如何使用劝说语言改善他们的情绪?

3. 答问语言运用

在游览过程中,出于不同动机游客可能会提出各种各样的问题,导游应根据具体情况恰当地做出回答。

场景设计:游客对于景区开放时间、活动项目及设施设备等方面的问题提出咨询时;游客有关中国的政治、经济、政策等问题的提问。

4. 安慰语言运用

要求:当游客在景区发生意外或遇到麻烦时,导游不仅要妥善处理,而且还要及时进行安慰,尽量使游客的痛苦和烦恼降到最低限度。安慰时,要求针对游客的具体情况恰当地运用安慰语言。

场景设计:设定游客钱包丢失,玩伴走失,生病,摔伤等。

5. 道歉语言运用

要求:道歉时要巧妙地说明情况,向游客诚恳致歉,使负面影响降低到最低程度。但须注意的是,不该自己承担的过错,不必都揽下来。

 礼仪拓展

欢迎辞与欢送辞

欢迎辞、欢送辞是导游员的主要服务技能之一,要使欢迎辞、欢送辞的表达贴切,还须注意主题内容、用语修辞、表情动作和风度等方面的有机融合,对不同的游客应分别选取相应的文字材料,设计与主题相吻合的体态语言,采用针对性的表达方法。

欢迎辞一般包括如下内容:

问候语:各位来宾、各位朋友,大家好。

欢迎语:代表所在旅行社、本人及司机欢迎游客光临本地。

介绍语:介绍自己的姓名及所属单位;介绍司机。

目的地简介:主要介绍目的地的风土人情。

希望语:表示提供服务的诚挚愿望。

祝愿语:预祝游客旅游愉快顺利。

欢迎辞示例

各位来宾、各位朋友:

大家好!大家辛苦了!首先让我代表××旅行社尤其是广大苏州人民欢迎各位的到来!我姓周,大家可以叫我"周导",希望能像我的名一样为大家提供"周到"的服务。这位是我们的司机刘师傅,今明两天就由刘师傅和我为大家提供服务,我们感到非常荣幸!

苏州被誉为"人间天堂",素来以山水秀丽、园林典雅而闻名天下,有"江南园林甲天下,苏州园林甲江南"的美称,又因其小桥流水人家的水乡特色被赞为"东方威尼斯"。苏州是一座历史文化名城,又是中国重点旅游城市,长三角经济中心。同时苏州也是重要的文化、艺术、教育和交通中心,在工业园区金鸡湖畔,美轮美奂的音乐喷泉、天幕电影、时代广场、摩天轮、科文中心、301米高的东方之门,把苏州打扮的靓丽多姿。苏州的园林、古镇在全国也是首屈一指。如果想幽静,可以踏着绵绵细雨,走走古老的山塘街、平江路;抽空听听评弹,逛逛夜花园。苏州现有拙政园、留园、狮子林、沧浪亭、环秀山庄、艺圃、耦园、网师园、退思园等九座园林被列入《世界遗产名录》。苏州四季分明,全年皆宜旅游,尤以春天最佳。4~10月间玩苏州,既可欣赏到桃红柳绿的自然风光,又可品尝鲜桃、碧螺春、杨梅、枇杷、糖藕、大闸蟹等,足够让游客在眼福之余大饱口福。

说不尽、道不完苏州的美,让我们用自己的眼睛去领略苏州的美吧!一路上大家有什么问题、有什么要求就尽管提出,我们将尽力满足。最后祝大家在苏州能玩得开心!吃得满意!住得舒适!谢谢各位!

欢送辞主要包括以下内容：

感谢语：对领队、全陪、游客及司机的合作分别表示谢意。

惜别语：表达友谊和惜别之情。

征求意见语：向游客诚恳地征询意见和建议。

致歉语：对行程中有不尽如人意之处，祈求原谅，并向游客赔礼道歉。

祝愿语：期望再次相逢，表达美好的祝愿。

欢送辞示例

各位朋友：

时间过得真快，短短的两天马上就要过去了，在此送别大家，心中有无限的眷恋、无奈。天下没有不散的宴席，也没有永远在一起的朋友，但是我相信，我们还有再见面的机会。

在苏州的这两天中，大家游览了举世闻名的苏州园林，品尝了别有风味的苏州小吃，有的朋友还购买了许多具有苏州特色的土特产品，相信我们的苏州一定给大家留下了深刻的印象，大家的记忆中苏州一定会占有一席之地。感谢各位朋友的支持，我和刘师傅感到此次接待工作非常顺利，心情也非常愉快，在此，我代表刘师傅向大家表示衷心的感谢！不知大家的心情是否舒畅、愉快？对我们的工作是否满意？如果我们的工作能得到大家的肯定，我们就更高兴了！如果我们的服务有不足之处，希望大家能多包涵，也请大家提出来，如果您觉得现在提出不方便，请大家回去写信给我们，我们一定会改进，在下次为大家服务时做得更好。

既然有缘相识并一起度过了难忘的两天，分手之际，我们希望大家不要忘记，在苏州这座美丽的天堂城市，有我和刘师傅两个与你们有缘而又永远值得依赖的同胞。今后如果再来，请提前告诉我们，我们一定为您打开一切方便之门。

最后，预祝各位在今后的旅途中一切顺利，并希望有机会再回苏州游览，套用苏州的一句欢迎语送给大家——开放的苏州欢迎您。

任务四　导游员的工作礼仪

 案例引入

青岛导游小王接待了一个北京团。由于服务热情，小王和游客相处得非常融洽。一天吃过晚饭，有几位游客找到小王，想去品尝海鲜，让她推荐一家好的饭店，并邀请她同行。小王盛情难却，也觉得这是和游客沟通的好机会，就带着游客来到一家非常实惠的饭店。在用餐过程中，小王和带团时一样，十分照顾游客，主动点餐并热情招呼大家吃好、喝好。可是小王发现那几位游客对她的态度突然变得冷淡,最后竟然不欢而散。

【分析提示】

由于是客人邀请小王,因此小王不应主动点餐并热情招呼大家吃好、喝好。加上是团餐后小聚,小王只能推荐,且点到为止即可,小王的主动显得喧宾夺主,最终导致不欢而散。

游客邀请导游外出品尝地方风味,导游没有陪同的义务,出于礼貌应当予以婉拒。导游可以向游客推荐当地信誉和服务质量较好的餐厅,帮助客人安排交通工具前往,但费用由客人自理。实在拒绝不了需要陪同前去的,导游可以推荐当地特色风味供客人选择,用餐时可以介绍风味特色的来历和品尝方法等。高档餐厅或海鲜类食品还要提醒客人注意价格和品质,以免客人因不熟悉情况而造成浪费和引起其他不快。

 礼仪解读

1. 在餐厅

先请游客入座,不要自己先坐。

不要替客人倒酒,让服务生去做或是请游客先倒。

喝啤酒的时候不要去舔泡沫,喝茶、喝酒时都不要发出声音。

不要用茶水或是酒来洗杯子,更不能把杯子里的酒水随便泼在地上。不要用餐具敲打碗碟。带团时不吸烟。

对服务生要有礼貌,不要对客人很客气但对服务生很粗暴,不要相隔很远的距离对服务生大声呼喝。

尊重游客宗教习俗,加餐前祷告等。

介绍菜品时,不要距离菜品太近,用手掌而不是用手指来指点。

西方游客习惯分餐,导游在工作时也应该遵循这一点。餐前祝酒宜简单,不要把身体前倾在桌上去给对面的人敬酒,也不要劝酒。

吃东西时不要出声,嘴里有食物时不要说话,更不能嘴里还在吃着手就伸出去取食。不要往别人碗碟里夹菜。

喝汤时不要出声。吃中餐喝汤时,用公勺舀汤至自己的碗中,勿用筷子在汤内取食。

中途离座,要把餐巾叠放在椅子上;不得在桌上当众接听电话。

不要在桌上用牙签,更不能对着桌子打喷嚏、咳嗽,甚至是擤鼻涕。

用餐尽量不剩食物,也不要抱怨食物不好吃。

2. 在酒店

导游应先下车,让门童去搀扶客人,自己去办理住宿。

分房时要照顾老年人和带孩子的家庭,尽量将他们的房间安排在靠近电梯的位置,如果是一大家人尽量让他们作邻居。

向服务台了解清楚房间电话的使用办法，每个房间最好要两张房卡。如果时间充裕，可以把自己的房号写在客人的房卡信封上。现在的团通常是地陪接团时就已经拿到房卡，这很有帮助。

分房要迅速，并告诉客人会在大堂等候一刻钟时间，如果房间有问题可立刻到大堂来找导游协助解决。同时把早餐开放时间、出行李时间、出发时间、酒店内的设施等再说一次，如果房间里有收费项目千万要说清楚。

如果没有领队，你可以告诉客人给行李生的小费标准，不然你可能会很麻烦。

如果和客人同乘一部电梯，应该先进去控制住电梯门方便客人，同时始终站在控制面板那一边，对不是自己团队的其他客人也要帮忙按下要去的楼层。如果是贵宾，要先下电梯后面对客人，等门关好后再走。

如果有事找客人尽量使用电话，如果非得去客人房间，那么不要随便进去，尽量简短，不要让客人在门口站太久。也最好不要随便让客人来你的房间，特别是年轻的异性。

3. 在车上和公共场所

上车先点人数，点人数的时候别用手指指点点。然后简单告诉客人如何调节冷气一类的。话筒声音不要太大。

可以适当使用一些香水，但是不要太刺激的味道。

一般来讲，除了必需的整洁以外，着装不要太土气，也不要显得像个暴发户一样。

在车上电话要置于振动状态，说话告一段落之后再接打电话。

不要在车上宣讲恐怖、凶杀、暴力或是色情的内容，也不要随便讲笑话，西方人的幽默感和我们不一样，有时候不恰当的笑话会有麻烦。千万不要拿某一个客人来开玩笑。

不要总和某一部分客人交流，如果客人有问题，在回答之前要用话筒把问题重复一次，这样全体客人都能分享到整件事情。

不要当面糗客人。

做自费项目游的时候不要当场举手表决，那样会让不想去的人觉得尴尬。

在景点介绍的时候如果人多最好是用腰麦，始终在客人的前面。走的时候保持在客人的前侧方，如果有转弯的地方，要在转弯的外侧给客人指路。如果是上楼梯，特别是比较陡的阶梯，最好是保持侧向行走，如果客人已经走到你前面了，不要靠得太近，如果有穿短裙的女客，更不要紧跟在人屁股后面。

对文物古迹要特别保护珍惜，不能带头违反规定。

不要当着客人的面和你的全陪或是地陪或是司机发生争执，也不要因为个人的原因在客人那里诋毁你的同行。

如果你出了错，要当面承认错误并道歉，但是不要老是道歉，一次就够了。采取切实有效的行动最有助于挽回局面。

客人进店的时候，不要老跟着客人，不要怂恿客人买或是不买，不要在价钱或是品质方面给客人作承诺，让店里去做，不要总是告诉客人说你上一个团或是以前的某个客人如何大方，买下了多少东西等。

不要太情绪化，不要因为几句客套话就和客人称兄道弟。避免在工作时和客人作私人性质的交流。

在旅游中不要动不动就搞点感情戏,催人泪下,那会让客人既难受又尴尬。应该尽量使旅行轻松愉快。

说欢送词的时候不要长篇大论,没有必要让客人频繁地鼓掌,如果你的工作的确得到客人的肯定,你还没说完那掌声就会有了。

4. 晚间和自由活动时间

如果客人邀请你参加他们的私人聚会或是去酒吧玩,同时那种邀请又不是出于礼貌而是真诚的那么可以接受。

如果你准备邀请客人参加你的活动,一定要确保安全。

不要发表过分激烈的言论,因为你不知道对方是否刚好和你意见一致。也不要和客人争论国际政治问题,那没有任何意义。更不要拼命诋毁和贬低自己的祖国和民族,那很可耻。

导游在带团过程中应遵循的服务礼仪有:

(1) 带团时要文明着装,特别是在夏天,不能因天热而穿衣过分裸露、透薄等。

(2) 在带团时,导游员应于出发前10分钟到达集会地点;游客上车时,导游应主动、恭敬地站立于车门口欢迎每一位游客,并协助其上下车,待客人上齐后方可上车。

(3) 游客落座后及时清点人数。清点人数时,有条件者可使用计数器清点,亦可用默数或标准点人数法清点,即右手自然垂直向下,以弯曲手指来记数。忌用社旗来回比画,也不能用手拍打客人的肩背部位,更不得用单手手指对游客头部或脸部指指点点。

(4) 在车上作沿途讲解时,导游站姿要到位,表情自然,与游客保持良好的"视觉交流",目光应关照全体在场者,以示一视同仁。手持话筒,音量适当,规范讲解。手势力求到位,动作不宜过多,幅度不宜过大。

(5) 到达目的地前,应提前将即将进行的活动安排、集会时间和地点等相关信息明白无误地向全体游客通告,并再次告知旅游车的车牌号码及司机姓名和联系方式,以方便掉队者的寻找。

(6) 带团期间,导游应随时提醒客人注意行路安全,凡遇难以行走或拐弯之处,应及早提醒客人多加注意,对年老体弱者更应及时提供必要的帮助。导游的行走速度不宜过急过快,以免游客掉队或走失。

(7) 带客游览过程中,导游应认真组织好客人的活动,做到服务热情、主动、周到。导游讲解应做到内容准确、表达流畅、条理清楚、语言生动、手法灵活。此外,还应注意给客人留有摄影时间。

(8) 旅游活动结束后,要热情礼貌地欢送旅游者,主动征求意见,对服务不周之处向客人表示歉意。

此外,在带团过程中导游还应该注意以下一些细节:

(1) 导游应将表明自己工作身份的导游证或领队证,按有关规定佩戴在上衣胸前指定的位置。

(2) 带团时,导游应自觉携带旅行社社旗。行进中用左手持旗,举过头顶,保持正直,以便队尾的团友及时跟进。将社旗拖于地面或扛于肩头都是不合乎规范的做法。

(3) 手持话筒讲解时,话筒不应离嘴过近,也不要遮住口部。

(4) 团队离开活动场所之前,应及时提醒游客注意安全,随身携带好自己的贵重物品。

（5）带团购物必须到旅游定点商店；客人下车前，要向客人讲清停留时间和有关购物的注意事项。

（6）讲解时不得吸烟。

（7）带团行走时，不应与人勾肩搭背；候车、等人时不宜蹲歇。

思考与训练

简述导游在带团过程中应遵循的服务礼仪和注意事项。

礼仪拓展

不同的国家、不同的文化西餐礼仪存在着许多差异，其中饮食差异尤为突出。有一种说法是：不懂得吃西餐的礼仪，就不算是正宗的现代人。下面为大家详细介绍西餐礼仪知识。

一、预订饭店或接受赴宴邀请

1. 提早预约餐厅

越高档的饭店越需要事先预约。预约时，不仅要说清人数和时间，也要表明是否要吸烟区或视野良好的座位。如果是生日或其他特别的日子，可以告知宴会的目的和预算。在预定时间内到达，是基本的礼貌。

2. 接受他人邀请时，应尽早回复

接到请柬后应尽快答复，这是最起码的礼节，特别是指定了席位的宴会，如不及早告知你将缺席，主办方来不及补充人员，造成席位的空缺，既不礼貌，又很浪费。现在一般采用电话答复或网络在线确认，简单快捷。

二、着装

吃饭时穿着得体、整洁是西方人的常识。去高档餐厅就餐，男士要穿着整洁的上衣和皮鞋，女士要穿套装和有跟的鞋子。如果指定穿正式服装的话，男士必须打领带，再昂贵的休闲服也不能随意穿着上餐厅。此外最重要的是，手一定要保持干净，指甲修剪整齐。进餐过程中，不要解开纽扣或当众脱衣。如主人请客人宽衣，男客人可将外衣脱下搭在椅背上，不要将外衣或随身携带的物品放在餐台上。

三、入座

进入西餐厅后，需由侍应带领入座，不可贸然入位。最得体的入座方式是从左侧入座。当椅子被拉开后，身体在几乎要碰到桌子的距离站直，领位者会把椅子推进来，腿弯碰到后面的椅子时，就可以坐下来。手肘不要放在桌面上，不可跷足。不可在进餐时中途退席。如有事确须离开，应向左右的客人小声打招呼。用餐时，坐姿端正，背挺直，脖子伸长。上臂和背部要靠到椅背，腹部和桌子保持约一个拳头的距离，两脚交叉的坐姿最好避免。记得要抬头挺胸着吃，在把面前的食物送进口中时，要以食物就口，而非弯下腰以口去就食物。

四、餐巾

西餐餐巾布方正平整，色彩素雅。通常是放在膝上，在重大礼节场合也可以放在胸前，平时的轻松场合还可以放在桌上，其中一个餐巾角正对胸前，并用碗碟压住。餐巾布可以用来擦嘴或擦手,对角线叠成三角形状,或平行叠成长方形状,拭擦时脸孔朝下,以餐巾的一角轻按几下。污渍应全部擦在里面,外表看上去一直是整洁的。若餐巾脏得厉害,可请侍者重新更换一条。离开席位时,即使是暂时离开,也应该取下餐巾布随意叠成方块或三角形放在自己的座位上。暗示用餐结束,可将餐巾放在餐桌上。

餐巾使用过程中,注意不要有如下失礼之举:
（1）不要当成围兜般塞进衣领或裤中。
（2）不要用餐巾擦拭餐具、桌子,会有看不起主人家之意。
（3）不要用餐巾拭抹口红、鼻涕或吐痰,不要用餐巾擦眼镜、抹汗,而应用自己的手帕。
（4）不要在离席时将餐巾掉落在地上。
（5）不要把餐巾用得污迹斑斑或者是皱皱巴巴。
（6）不要将吃剩的食物放到餐巾上。

五、取食

取食时不要站立起来,拿不到的食物应请别人传递。有时主人会劝客人添菜,如有胃口,添菜不算失礼,相反主人会引以为荣。对自己不愿吃的食物也应要一点放在盘中,以示礼貌。当参加西式自助餐时,别一次就将食物堆满整个盘子,盘子上满满的食物会让人认为你非常贪得无厌。每次拿少一点,吃完再添。

六、招呼侍者

在高档餐厅里,客人除了吃以外,诸如倒酒、整理餐具、捡起掉在地上的刀叉等事,都应让侍者去做。侍者会经常注意客人的需要,若需要服务,可用眼神向他示意或微微把手抬高,侍者会马上过来。在国外,进餐时侍者会来问:"How is everything?"如果没有问题,可用"Good"来表达满意。如果对服务满意、想付小费时,可用签账卡支付,即在账单上写下含小费在内的总额再签名。最后别忘记口头致谢。

七、其他

在餐厅吃饭,进餐时应与左右客人交谈,不要只同几个熟人交谈。左右客人如不认识,可先自我介绍。别人讲话时不可搭嘴插话。音量要小心保持对方能听见的程度,别影响到邻桌,切忌大声喧哗。

在高级餐厅中别使用手机,必要时也要长话短说,否则就应该暂时离开到外面讲。女士们则切记补妆要到化妆室,别在餐桌上就梳头发或补起妆来,那是非常不礼貌的。在进餐尚未全部结束时不可抽烟,直到上咖啡表示用餐结束时方可。如座位左右有女客人,应有礼貌地询问一声:"您不介意吧!"

吃东西时别把盘子拿起来,甚至在吃东西时用手持着盘也是不礼貌的。吃完面前的食物后,也记得别把盘子推开。不要把东西吐在桌上,吃到坏的食物非吐出来不可时也别吐在盘子里,最好在别人不注意时吐在餐巾上包起来,并要求更换一块新的餐巾。用餐时打嗝是最大的禁忌,万一发生此种情况,应立即向周围的人道歉。就餐时不可狼吞虎咽,每次送入口中的食物不宜过多,咀嚼食物时不能说话,在大多数文化中,让对方看见你满嘴的食物都是非常粗俗的表现。打喷嚏时要转过脸,用餐巾遮住嘴巴,然后说:"Excuse me"。

赴家宴时,在女主人拿起她的匙子或叉子以前,客人不得食用任何一道菜。女主人通常要等到每位客人都拿到菜后才开始。她不会像中国习惯的那样,请客人先吃。当她拿起匙

或叉时，就意味着大家也可以那样做了。

吃西餐在很大程度上讲是在吃情调：西餐厅环境别致、高雅，即使是小馆子也各具特色，或古典或现代或前卫，不拘一格，厅堂内的绿色植物、艺术气质的墙砖和壁灯，使人恍惚身处异邦，舒适、温暖，让人放松、陶醉。高级饭店更有华美的大理石制的壁炉、熠熠闪光的水晶灯、银色的烛台、美艳的鲜花，缤纷的美酒，抒情的萨克斯风，再加上人们优雅迷人的举止，这本身就是一幅动人的油画。为了您在初尝西餐时举止更加娴熟，费些力气熟悉一下西餐礼仪，还是非常值得的。

任务五　导游服务涉外礼仪

案例引入

礼品赠送的风波

国内某家专门接待外国游客的旅行社，准备在接待一批来华的意大利游客时送每人一件小礼品。于是，该旅行社从杭州某名厂订购了一批纯丝手帕，每个手帕上绣着花草图案，十分美观大方。手帕装在特制的纸盒内，盒上印有旅行社社徽，是很精致的小礼品。中国丝绸闻名于世，旅行社料想会受到客人的喜欢。

旅游接待人员带着盒装的纯丝手帕，到机场迎接来自意大利的游客。欢迎词致得热情、得体。在车上他代表旅行社赠送给每位游客两盒手帕作为礼物。

没想到车上一片哗然，议论纷纷，游客们显出很不高兴的样子。特别是一位夫人，大声叫喊，表现得极为气愤，还有些伤感。旅游接待人员心慌了：好心好意送人家礼物，不但得不到感谢，还出现这般景象。中国人总以为送礼人不怪，这些外国人为什么怪起来了呢？

【分析提示】

上述案例告诉我们，不同的国家有不同的习俗。在意大利和西方一些国家，亲朋好友相聚一段时间告别时才赠送手帕，取意为"擦掉惜别的眼泪"。在本案例中，意大利游客兴冲冲地刚刚踏上盼望已久的中国大地，准备开始愉快的旅行，你就让人家"擦掉离别的眼泪"，人家当然不高兴。这位大声叫喊又气愤的夫人，是因为她所得到的手帕上还绣着菊花图案。菊花在中国是高雅的花卉，但在意大利则是祭奠亡灵的。人家怎能不愤怒呢？因此，在旅游接待与交际场合中，必须了解并尊重外国人的风俗习惯，这样做既是对他们表示尊重，同时也不失礼节。

 礼仪解读

世界上200多个国家和地区,分属于2000多个大大小小的民族,信仰着各种宗教,有着各自独特的民族传统、风俗习惯和礼节形式。各国人民都注重文明礼貌,都有自己的道德规范,作为其表达形式的礼节礼仪也大不相同。旅游接待是面向全世界的工作,这就需要了解世界各国各民族的基本概况、饮食起居、风俗习惯、礼貌礼节和禁忌等情况。这样不仅有利于旅游接待人员自身文化素养的提高,而且也是尊重客人、发展与各国各民族友好往来、使旅游接待工作顺利开展、树立中国在国际上良好形象的一种重要手段。

一、涉外礼仪原则

世界如此之大,要想一一了解所有国家和民族的礼仪习俗是十分困难的。因此,学习涉外礼仪,我们可遵循以下原则:

(一)求同存异原则

世界各国的礼仪与习俗都存在着一定程度的差异性,重要的是要了解这种差异,要遵守求同存异原则。"求同"就是要遵守礼仪的"共性";"存异"则是不可忽略礼仪的"个性"。比如,世界各国的人们往往使用不同的见面礼节,其中较常见的有日本人的鞠躬礼,韩国人的跪拜礼,泰国人的合十礼,中国人的拱手礼,阿拉伯人的按胸礼,欧美人的吻面、吻手礼和拥抱礼等。它们各有讲究,都属于礼仪的"个性"。与此同时,握手作为见面礼节,则可以说是通行于世界各国,与任何国家的人士打交道,以握手这一"共性"礼仪作为见面礼节都是适用的。

(二)个人形象原则

在国际交往中,人们应对个人形象倍加关注。在涉外交往中的基本着装规范是:女士看头,男士看腰。女士看头是指看发型,比如染色、长度等。通常女士是不应染彩色发的,除非把花白的头发染黑。另外头发不宜过长,一般不长于肩部。对于一个有社会地位的男士,在大庭广众前腰上是不挂任何东西的。国际社交场合,服装大致分为礼服和便装。正式的、隆重的、严肃的场合着深色礼服(燕尾服或西装),一般场合可着便装。目前,除个别国家在某些场合另有规定外,穿着都趋于简化。

(三)不卑不亢原则

不卑不亢原则是涉外礼仪的一项基本原则,每一个涉外工作者都必须意识到,自己在外国人眼里,不仅代表着自己的公司,还代表着自己的国家,代表着自己的民族。因此,其言行应当从容得体、堂堂正正,既不应畏惧自卑,也不应高傲自大、盛气凌人。

(四)信守约定原则

信守约定原则是指在一切国际交往中,必须认真遵守自己的承诺,说话要算数,许诺要兑现,约会要如期而至。在涉外交往中,在一切有关时间方面的正式约定中,尤其需要恪守不怠,真正做到"信守约定"。万一由于难以抗拒的因素造成自己失约,应尽早向对方通报,如实说明原委,并要向对方致以歉意,必要时应主动承担给对方造成的物质损失。千万不能得过且过,一味推诿或避而不谈。

（五）入乡随俗原则

入乡随俗原则是涉外礼仪的基本原则之一。习俗是世界上各个国家、各个地区、各个民族在其历史发展的具体进程中，形成的各自的宗教、语言、文化、风俗和习惯，存在着不同程度的差异。这种"十里不同风，百里不同俗"的局面，是不以人的主观意志为转移的，也是世间任何人都难以强求统一的。在涉外交往中注意尊重外国友人所特有的习俗，容易增进中外双方之间的理解和沟通，有助于更好地、恰如其分地向外国友人表达中方的亲善友好之意。当自己身为东道主时，通常讲究"主随客便"；当自己成为客人时，则又讲究"客随主便"。接待人员必须充分地了解交往对象的风俗习惯，无条件地加以尊重，不可少见多怪、妄加非议。

（六）尊重隐私原则

在国际交往中，普遍讲究尊重个人隐私，以下五个方面均被视为个人隐私：

（1）收入支出。任何人的收入，均与其个人能力和实际地位存在因果关系。所以，个人收入的多少一般被外国人视为自己的脸面，非常忌讳他人打听。比如纳税数额、银行存款、股票收益、私宅面积、娱乐方式、度假地点等，都不宜随便提及。

（2）年龄大小。外国人普遍将自己的年龄当作"核心机密"，轻易不会告之于人。所以在国外有这么一种说法：一位真正的绅士，应当永远"记住女士的生日，忘却女士的年龄"。

（3）身体健康。中国人相遇时，常会问候对方："身体好吗？"要是确知对方一度欠安，见面时常会问对方："病好了没有？""吃过些什么药？"或是向对方推荐名医、偏方。可在国外，人们在闲聊时非常反感他人对自己的健康状况过多关注，因为在市场经济条件下，每个人的身体健康都被看作是"资本"。

（4）恋爱婚姻。中国人习惯对亲友的恋爱、婚姻、家庭生活牵挂在心，但绝大多数外国人对此不以为然。比如"有没有恋人""两个人怎么结识的""结婚了没有""有没有孩子"等问题，会让外国人很难堪。

（5）家庭住址。中国人对家庭住址、电话等信息都是不保密的。而在国外恰好相反，他们不会将个人住址、私宅电话轻易"泄密"，在他们的名片上，此项内容也难得一见。

二、涉外礼仪禁忌

《礼记·曲礼上》曰："入竟（境）而问禁，入国而问俗，入门而问讳。"旨为尊重主人之意，这也是当今国际交往中的一条普遍原则。禁忌是风俗礼仪中最重要的内容之一，在跨文化交流中违犯禁忌是一大忌。了解有关禁忌，并服从禁忌是有效的跨文化交流的重要条件之一。

（一）数字的禁忌

西方人普遍认为"13"这个数字是凶险或不吉利的，常以"14（A）"或"12（B）"代替。在日常生活中，他们总是尽量避开这一数字。有的人甚至会在13日这一天产生莫名其妙的恐惧感，停止一切工作和活动。西方人最忌讳的还有13人同桌共餐。有些人认为13之不祥乃是源出"最后的晚餐"，耶稣基督与13门徒共进晚餐，坐第13位的人就是出卖他的犹大。古老的文献显示夏娃给亚当吃禁果就是13号逢星期五。耶稣被钉在十字架上也是在13号逢星期五。因此恰逢13日又是星期五，西方人认为更是"凶日"，称为"黑色星期五"。一些迷信者认为，在这种日子里不能换床单、不能用餐、不能工作、不能实施新计划，否则就要倒霉。许多人在这天不出门，许多舰船在这天不出航。

"四"字在中文和日文中的发音与"死"相近,所以在日本与朝鲜、韩国等东方国家将它视为不吉利的数字,因此这些国家的医院里没有四号病房和病床。在中国也是如此,如遇到"四"且非说不可时,忌讳的人往往用"两双"或"两个二"来代替;另外,在日语中"九"发音与"苦"相近似,因而也属忌讳之列。

（二）颜色的禁忌

由于历史文化、传统习惯、政治宗教等各种原因,使人们对某些颜色产生了推崇或禁忌,且各国、各地区的差异很大。

（1）在丧礼中使用的颜色。如黑色,在西方许多国家是丧礼的象征。

（2）象征权威和尊严的颜色。红色象征国家独立、民族解放。许多国家的国旗均为红色或带有红色。

（3）代表不吉或是黑暗、邪恶、诅咒的颜色。如日本人认为绿色是不吉利的象征,所以忌用绿色。欧美许多国家以黑色为丧礼的颜色,表示对死者的悼念和尊敬。巴西人以棕黄色为凶丧之色;埃塞俄比亚人则是以穿淡黄色的服装表示对死者的深切哀悼;叙利亚人也将黄色视为残败之色;而巴基斯坦忌黄色是因为那是僧侣的专用服色;但委内瑞拉用黄色做医务标志。蓝色在埃及人眼里是恶魔的象征;比利时人也忌蓝色,遇有不吉利的事就穿蓝色衣服。土耳其人认为花色是凶兆,故在布置房间、客厅时绝对禁用花色,好用素色。法国、比利时忌用墨绿色,因为那是纳粹军服的颜色。

（三）花卉的禁忌

鲜花美丽又有魅力,它使人感受到蓬勃的生机和暖暖的情意,然而在不同的国度里对某些花的含义在理解上也有所区别。如荷花在中国、印度、泰国、孟加拉、埃及等国评价很高,但在日本被视为象征祭奠的不祥之物,仅用于祭奠;郁金香在土耳其被看作是爱情的象征,但德国人认为它是没有感情的花;白百合花对罗马人来说是美与希望的象征,而波斯人认为它是纯真和贞洁的表示;菊花是日本皇室的专用花卉,而在比利时、意大利和法国人眼中,菊花却与死亡相连,只能在灵前使用。在法国不要送黄色的花,因为这是不忠诚的表示;也不要送康乃馨,因为它表示不幸。在巴西,络紫色的花只能用于葬礼。在国际交往场合,忌将菊花、杜鹃花、山竹花和黄色的花献给客人,这已是惯例。要特别注意,以免引起不良后果。

（四）动物图案的禁忌

在不同的国家里人们会因受到历史和各地风俗的影响,对动物的喜好有所不同,因此在涉外交际中,弄清楚各个国家的人们忌讳或喜欢哪些动物或动物的图案是非常重要的。如大象在泰国和印度,是吉祥的动物,代表智慧、力量和忠诚,而在英国却被认为是愚笨的象征。孔雀在中国是喜庆的象征,可在法国却被看作是祸鸟、淫鸟;法国人还把仙鹤图案作为蠢汉和淫妇的代称。美国人认为蝙蝠图案代表凶神恶煞;日本人对狐狸和獾的

图案很是反感;英国人认为黑猫是不祥之物;瑞士人认为猫头鹰图案是死人的象征;北非一些国家忌讳用狗做商标图案。

(五)其他禁忌

(1)左手忌。在许多国家和地区,如泰国、缅甸、印度和阿拉伯各国,认为左手是肮脏的,忌讳用左手拿食物、接触别人或给别人递东西。否则,这将被别人误会是轻蔑。

(2)扶老忌。西方的老人忌讳由别人搀扶着,他们认为这是有失体面、受轻视的表现。

(3)拉手忌。在许多拉美国家街道上,同性之间忌讳携肩挽手。

(4)衣物忌。西方人对自己的衣物、行装有随意乱放的习惯,但忌讳别人乱动。

(5)肢体语言忌。亚洲许多佛教国家和地区,忌讳摸别人的头,即使是大人对小孩爱抚,也严忌摸小孩头顶。

(6)饮食忌。牛在印度被视为神灵,所以印度教徒不吃牛肉。伊斯兰教徒不吃猪肉,也忌谈猪,不吃外形丑恶和不洁之物,如甲鱼、螃蟹等。

(7)男女忌。在法国,男人向女人赠送香水有过分亲热和"不轨企图"之嫌。阿拉伯人忌讳谈论妻子及女儿的事。

由于各个国家、民族文化背景的差异,礼节礼仪形式也大不相同。我们要注意关心世界大事,学习有关跨文化交流方面的知识,尽可能多地了解各国不同的风俗习惯。

三、主要客源国礼仪

"五里不同风,十里不通俗",世界各国均有自己的礼仪传统,每个民族都有自己的奇风异俗。本章节从中择其部分略作介绍,以此感受世界礼仪文化的宽广和深厚。

(一)日本

日本是亚洲东部的一个群岛国家,面积37.8万平方公里,人口12748万,是世界人口密度最大的国家之一。主体民族是和族,仅在北海道有2万阿伊努人。居民主要信奉神道教和佛教,少数信奉基督教和天主教。首都东京,国歌为《君之代》,国花为樱花,通用日语,货币名称为日元。1972年9月29日同中国建交。

1. 社交礼仪

日本人平时与人见面时总要互施鞠躬礼,并互相问候。鞠躬礼又分为"站礼"和"坐礼"。行最高礼时,上身要弯到脸面几乎与膝盖相平的程度,普通躬身约30度,一般交往则躬身约15度,躬身越深,越表示恭敬。行双手礼时双掌向前靠拢着地,脊柱和脖颈挺直,整个身子向前倾,几乎达到面部着地的程度,这是日本人的最高礼节之一,多在下对上或对尊贵客人行礼时使用。日本人在初次见面时非常重视交换名片。初次见面不带名片,会被视为失礼或无诚意交往。互赠名片时,要先行鞠躬礼,并双手递接名片。接到对方名片后,要认真看阅,用点头表示已清楚对方的身份。日本人认为名片是一个人的代表,对待名片就像对待他们本人一样。

日本人注重礼尚往来。在拜访他人时通常都要带点礼物,但一般不送贵重的礼物,因为日本人认为这需要以同等价值的礼物回赠。不要送给日本人带有动物形象的礼品、梳子和不完整的中国书法篆刻印章。送礼物时,一般要送奇数,在日本人看来,奇数表示"阳""吉",偶数表示"阴""凶"。这是因为偶数中的"四"在日语中与"死"同音,为了避开晦气,诸多场合都不用"四",久而久之,干脆不送二、四、六等偶数了。三、五、七最受欢迎,但要避开"九"（日语中"九"与"苦"发音相同）。礼品讲究包装，可以系上一条漂亮的缎带或纸绳。日本人认为，绳结之处有人的灵魂，标志着送礼人的诚意。不过，日本人不喜欢在礼品包装上系蝴蝶结，用红色的彩带包扎礼品象征身体健康。日本人和中国人一样，受礼人不当着送礼人的面打开礼品，因为事后打开礼品表示，人们重视的是心意而不是礼品本身。

到日本人家里去做客，进门后要主动脱衣脱帽，解去围巾（即使是炎热天气，也不能穿背心或赤脚，否则是失礼的行为），穿上备用的拖鞋，并把带来的礼品送给主人。在屋内就座时，背对着门坐是有礼貌的表现，只有在主人的劝说下，才可以移向尊贵位置（指摆着各种艺术品和装饰品的壁鑫前的座位，是专为贵宾准备的）。日本人不习惯让客人参观自己的住房，所以不要提出四处看看的请求。在日本，特别忌讳男子进入厨房，上厕所也要征得主人的同意。告别时，要由客人先提出，再向主人表示感谢。回到自己的住所后要打电话给对方，告之已安全返回，并再次感谢。

2. 服饰礼仪

当代日本人的服装可以分为传统式服装（即和服）和现代式服装两类。日本人在交际应酬中对打扮十分介意，除了某些专门从事茶道、花道的教师等特殊工作的人外，绝大多数日本人在商务交往、政务活动以及对外场合中都身着现代式服装，传统式和服只在节日或举行某些仪式时才穿用。在正式活动场合，男士一般都西装革履，女士也郑重其事，梳妆打扮。不修边幅等行为注定会失去对方的信任和应该到手的合同。

3. 餐饮礼仪

受地理、气候等客观环境的影响，日本人的饮食习惯曾与大陆地区居住的人们有很大不同。随着国际化、信息化的进程，日本人与外国人的接触和交往日益增多，其饮食习惯发生了深刻的变化。传统的日本料理（又称"和食"）是日本人祖祖辈辈流传下来的独特饮食方式，这种料理中最典型的食物要算"沙西米"（生鱼片）、"司盖阿盖"（类似中国的火锅）、"寿司"（日本式饭团）和日本面条等。日本人自古以来以大米为主食，由于是岛国，海产品多，所以他们爱吃鱼并且吃法很多，如蒸、烤、炸等，鱼丸汤也是他们的最爱。吃生鱼片时要配辣芥末以解腥杀菌。日本人还爱吃面酱、酱菜、紫菜、酸菜等。吃凉菜时，他们喜欢在凉菜上撒上少许芝麻、紫菜末、生姜丝等起调味点缀作用。日本人吃菜喜清淡、忌油腻，爱吃鲜中带甜的菜，还爱吃牛肉、鸡蛋、清水大蟹、海带、精猪肉和豆腐等；但不喜爱吃羊肉和猪内脏。

日本人爱喝酒，常常也像中国人一样"无酒不成席"。但日本人的敬酒方式同中国人不一样。中国人是相互碰杯，且敬酒的一方要先干为敬。日本人则不同，敬酒方手持酒瓶，不断地为对方斟满酒，自己却不喝。而且为了表示诚意，往往要跪在被敬者面前，低头鞠躬表示敬意，直到对方被他灌醉。日本有一种富有参禅味道、用于陶冶情趣的民族习俗——茶道，茶道在日本已不是简单的饮茶艺术，而是一种体现着"和敬清寂"精神的礼仪形式，通过茶道一整套严格的程序，不仅表现了日本人对客人的敬重，而且培养了日本人重礼仪的观念。

日本人吸烟，从来都是各吸各的，不喜欢互相敬烟。这是因为日本人认为每个人喜欢的香烟品牌、品位都不尽相同，不必强迫别人吸自己喜欢的烟。

4. 习俗禁忌

"爱面子"是日本人的共性。它既是一个人荣誉的记录，又是自信的源泉。情面会强烈地影响日本人的一切,一句有伤面子的话,一个有碍荣誉的动作,都会使商务交往陷入僵局。"面子"是日本人最重视的东西,因此,与日本人做生意和日常相处应牢记给对方面子,这样将会对商务活动的进展大有裨益。日本人坚信"优胜劣汰"的法则,他们不会同情弱者,而是尊敬强者。在合作和商务活动中,如果对方不能拿出一套切实可行的方案,他们就认为对方缺乏诚意而拒绝下一步的谈判或合作。日本人办事显得慢条斯理,对自己的感情常加以掩饰、不轻易流露。他们不喜欢对抗性和针对性的言行,也不接受急躁的办事风格。

日本人对樱花无比厚爱,对荷花很反感。樱花是日本的国花,荷花是丧葬活动用的。菊花在日本是皇室的标志,不要作为礼物送给日本人。盆花和带有泥土的花,则被理解为"扎根",所以不要送给病人。在探望病人时还要注意不要送山茶花、仙客来花、白色的花和淡黄色的花。水晶是日本的国石。日本人很喜欢猕猴和绿雉,分别确定为国宝和国鸟。同时,他们对鹤和龟也好评如潮,认为它们是长寿和吉祥的代表。但是,日本人对金色的猫以及狐狸和猩猩极为反感,认为它们是"晦气""贪婪"和"狡诈"的化身。一般而言,日本人大都喜欢白色和黄色,讨厌绿色和紫色,还有敬重数字"7"这一习俗。他们忌讳三人一起合影,认为中间的人被左右两人夹着,是不幸的预兆。此外,日本妇女忌问其私事。在日本,"先生"一词只限于称呼教师、医生、年长者、上级或有特殊贡献的人,对一般人称"先生"会使他们处于尴尬境地。

(二)韩国

韩国位于亚洲东北部、朝鲜半岛南部,与中国山东半岛隔海相望,面积约10万平方公里,人口超过5000万,主体民族为朝鲜族。通用韩语。居民主要信奉佛教和基督教。首都首尔。国歌为《爱国歌》。国花为木槿花。货币名称为韩元。1992年8月24日同中国建交。

1. 社交礼仪

韩国居民普遍注重礼貌礼节。如晚辈对长辈、下级对上级,必须表示特别尊重。与长辈握手时,还要以左手轻置其右手之上,躬身相握,以示恭敬。与长辈同坐,要保持坐姿端正、挺胸,绝不可以表现出懒散;若想抽烟,需要征得在场长辈的同意;用餐时不可先于长者动筷。

在韩国,妇女非常尊重男子,双方见面,总是女子先向男子行鞠躬礼,致意问候。男女同坐时,男子一般位于上座,女子位于下座。一般情况下妇女和小孩不与男子握手,以点头或是鞠躬作为常见礼仪。在称呼上多使用敬语和尊称,很少会直接称呼对方的名字。要是对方在社会上是有地位头衔的,韩国人一定会用于称呼中。韩国人一般不轻易流露自己的感情,在公共场所不会大声说笑,颇为稳重有礼。妇女在笑的时候会用手帕捂住嘴,防止出声失礼。

2. 服饰礼仪

韩服是韩国的传统服装,优雅且有品位,近代被洋服替代,只有在节日和有特殊意义的日子里穿。女性的传统服装是短上衣

和宽长的裙子,看上去很优雅。男性以裤子、短上衣、背心、马甲显出独特的品位。白色为基本色,根据季节、身份、材料和色彩而不同。在韩国从事商务活动,宜穿西服。

3. 餐饮礼仪

韩国人在饮食习惯方面喜辣嗜酸,菜肴口味绝大多数都比较清淡。主食主要是米饭、冷面,菜肴有泡菜、烤牛肉、烧狗肉、人参鸡等。平日里,韩国人大都喝茶和咖啡。韩国人通常不喝稀粥和清汤,最爱吃的是"炖汤",是用辣椒酱配以豆腐、鱼片、泡菜或其他肉类和蔬菜加水煮制的。吃东西时,嘴里响声太大是不懂礼仪的表现。

韩国人用餐时不宜高谈阔论,忌把汤匙和筷子同时握在手里,使用筷子时要把匙放在桌子上。不要把匙和筷子搭放在碗上,也不要端着饭碗和汤碗吃饭。先用汤匙喝汤,再吃别的食物。饭和泡菜汤、酱汤及汤类用汤匙吃,其他菜用筷子夹;用餐时,不要让食物黏在匙和筷子上。共享的食物要夹到各自的碟子上吃,醋酱和辣酱也最好拨到碟子上蘸着吃。用餐时,不能咽的骨头或鱼刺,应避开旁人悄悄地包在纸上扔掉,不要扔在桌子上或地上。用餐后,汤匙和筷子放在最初位置上,使用过的餐巾叠起来放在桌子上。

4. 习俗禁忌

到韩国进行商务访问最适宜的时间是2月至6月、9月、11月和12月上旬,尽量避开节日较多的7月到8月中旬、10月和12月下旬。韩国人与不了解的人来往时,要有一位双方都信任、尊重的第三者进行介绍和委托,否则不容易得到韩国人的信任。为了介绍方便,要准备好名片,中英文或韩文均可,但是要避免在名片上使用日文。韩国人不喜欢直接说"不",因此有的时候,常用"是"表示否定的意思。此外,在商务交往中,韩国人比较看重感情,只要感到对方有对自己不尊重的一点表现,生意就会失败。韩国人重视业务中的接待,宴请一般是在饭店举行,吃饭时所有的菜一次上齐。

韩国人珍爱白色。忌讳的数字是"4"和"13",因发音与"死"相同的缘故,韩国人对相似的"私""师""事"等一般不使用。韩国人的民族自尊心很强,反对崇洋媚外,提倡使用国货。在赠送礼品时,最好选择鲜花、酒类和工艺品,最好不是日本货。

(三) 马来西亚

马来西亚位于东南亚,南与新加坡接壤,北与泰国毗邻,近年来与中国交往日趋频繁,来华经商与旅游观光的人数年年增多,是一个不可忽视的客源国。马来西亚人的习俗与中国习俗相异处甚多,所以必须加以留意,以免无意中犯了禁忌,造成失礼,或引起误会与无谓的纷争。

1. 社交礼仪

马来西亚人视左手为不洁,因此,见面握手时一定要用右手。平时接递东西时,也必须用右手而不能随便用左手,用左手便是失礼。在不得不用左手时,一定要说声"对不起"。对女士不可先伸出手要求握手。头被认为是神圣的部位,在亲近儿童时,不可触摸他的头部,否则会引起不快。在马来西亚,不同民族采用不同的见面礼节。马来西亚人的常规做法是向对方轻轻点头,以示尊重。马来西亚人传统的见面礼节是"摸手

礼",具体做法为:与他人相见时,一方将双手首先伸向对方,另一方则伸出自己的双手,轻轻摸一下对方伸过来的双手,随后将自己的双手收回胸前,稍举一下,同时身体前弯呈鞠躬状。马来西亚的华人,大多以握手作为见面礼节。

马来西亚人是热情、谦恭、大方、讲究礼节的民族。在马来西亚人家中做客应注意举止得体,尊重长者。如果双方都是穆斯林,宾主要用伊斯兰教特定的问候语打招呼。进门时除非得到主人的许可,否则客人必须把鞋脱在门口或楼梯口后,方可进屋。进屋后,宾主双方要互相问候和握手。握手时,双手仅仅触摸一下,然后把手放到额前,以表示诚心。当发现屋里还有其他客人,而自己又必须从他们面前经过时,必须略低下头,并说"对不起,请借光",然后走到自己的位置上。坐在椅子上不能跷起二郎腿,尤其是在老人面前更不应如此,女子则应并拢双脚,表现得更加文雅。如果席地而坐,男子最好盘腿,女子则要跪坐、不得伸直腿。主人摆出饮料、点心招待客人,如果客人推辞,主人反而会不高兴。客人要走时应向主人告辞,主人一般会把客人送出门外。在黄昏时登门拜访是不受欢迎的,因为这时穆斯林都要做祷告,晚上拜访通常应在八点半以后。

2. 服饰礼仪

在正式的社交场合,马来男子现在喜欢穿一种称为"巴迪"的蜡染花布长袖上衣,下身穿长至脚踝的布质纱笼。马来女子的传统套服与男子相似,受伊斯兰教的影响,她们的头上常常围着一条纱巾,但与中东妇女不同的是,她们用的是鲜艳美丽的纯色纱巾。

在社交场合,马来西亚人可以穿着西装或套裙。马来西亚人的服饰偏好红色、橙色和其他一些鲜艳的颜色。他们认为黑色属于消极之色,黄色也不适于作为服装之色。受伊斯兰教影响,马来人对绿色十分喜爱。

3. 餐饮礼仪

马来西亚以伊斯兰教为国教,饮食习俗禁酒,喜欢饮用椰子水、红茶、咖啡等。马来西亚人大多为穆斯林,因此他们不吃猪肉和水生贝类动物。马来西亚人的主食以大米为主,喜食牛肉,极爱吃咖喱牛肉饭,并且爱吃具有其民族风味的"沙嗲"烤肉串。身居马来西亚的印度人不吃牛肉,但可以吃羊肉、猪肉和家禽肉。马来西亚人十分好客,他们认为客人在主人家里若不吃不喝,等于不尊敬主人。平常用餐时只用右手抓食食物,禁用左手取食食物或饮料。只有在十分正规的宴请中,才以刀叉进餐。用餐时一般不坐在椅子上,而是把食物放在席子上,围坐而食。男人盘腿而坐,女人则跪坐,身体稍向右偏。上了年纪的妇女可以像男人一样盘腿而坐。马来西亚人还有咀嚼槟榔的习惯。有客人到访,主人除了热情招呼外,最先向宾客表示殷勤和诚意的礼节就是捧上槟榔盘,请客人共嚼槟榔。

4. 习俗禁忌

伊斯兰教的教规教义在马来西亚具有法律效力,并为人民所严格遵守。马来西亚主体民族马来人不仅人口最多,政治影响最大,社会地位也最高,他们的语言与宗教亦分别成为官方语言与国教。马来人的礼仪习俗在社会生活中居于支配地位。不要触摸被马来西亚人视为神圣不可侵犯的头部与肩部。不要在马来西亚人面前跷腿、露出脚底,或用脚去挪动物品。不要用一手握拳去打另一只半握的手,这一动作在马来西亚人看来是十分下流的。与马来西亚人交谈时,不要将双手贴在臀部,更不要当众打哈欠。

(四) 泰国

泰国位于中南半岛中部,盛产大象,尤以白象最为珍贵,敬之如神,固有"白象国"之称。面积51.3万平方公里,人口约6700万。主要宗教为佛教。僧人身穿黄衣,故又有"黄衣国"之称。首都曼谷。国花为睡莲。通用泰语。货币名称为泰铢。1975年7月1日同中国建交。

1. 社交礼仪

泰国是"微笑之国",他们对外国人特别友好。泰国人见面时通常不握手,而是双手合十放在胸前。双手抬得越高,越表示对客人的尊重,但双手的高度不能超过双眼,一般双掌合起应在颔至胸之间。地位较低或年轻者,应先向长者致合掌礼。只有和尚可不受约束,不必向任何人还合掌礼,即使面见泰王和王后也不用还礼,只是点头微笑致意。泰国人不是按姓来称呼对方,如"陈先生""李先生""张女士",而是以名来称呼对方,如"建国先生""章达先生""秀兰女士"。由于左手被视为不洁净,所以交换名片、接受物品时,都必须使用右手。在泰国,在众目睽睽之下与人争执,咄咄逼人的表现会被泰国人认为是最可耻的行为。

在泰国,如有长辈在座,晚辈只能坐在地上,或者蹲跪,以免高于长辈头部。给长者递东西时要用右手,表示尊敬,如不得已用左手时,要说一声"请原谅,左手"。

2. 服饰礼仪

泰国各个民族都有自己的传统服饰。现在,泰国城市中的男子在正式社交场合通常穿深色的西装,打领带。妇女在正式社交场合可穿民族服装,也可穿套裙。

3. 餐饮礼仪

泰国人的主食为大米,副食主要有鱼和蔬菜。早餐多吃西餐,午餐和晚餐爱吃中国的广东菜和四川菜。特别喜爱辣椒,不喜欢酱油,不爱吃牛肉和红烧的菜肴,也不习惯放糖。泰国人特别喜欢喝啤酒,也爱喝白兰地兑苏打水。饭后有吃苹果、鸭梨等习惯,但不吃香蕉。泰国人不喝热茶,习惯在茶里放冰块,成为冰茶。用餐时,泰国人习惯围着小圆桌促膝而坐,用手抓食,不用筷子,但现在也有用叉子和勺子的。

4. 习俗禁忌

在泰国,人的头部被认为是精灵所在的重要部位。不要触及他人头部,也不要弄乱他人的头发。如果无意中碰及他人的头部,应立即诚恳地道歉。泰国人忌讳外人抚摸小孩(尤其是小和尚)的头部,小孩子的头只允许国王、僧侣和自己的父母抚摸。即使是理发师也不能乱动别人的头,在理发之前必须说一声"对不起"。不能手指僧侣,不能接触僧侣(身体)。尤其女性不许与僧侣握手,在汽车上不许与僧侣邻坐。女士若想将东西奉给僧侣,宜托男士转交。泰国寺院是泰国人公认的神圣之处。在进入佛教寺院时衣着应得体端庄,身着任何短裙、短裤或袒胸露背装都将不得入内。在进入佛堂、寺庙或私人住宅时,游客需要脱鞋,并注意不可脚踏门槛。

泰国人认为人的右手洁净而左手不洁,左手只能用来拿一些不干净的东西。重要东西用左手拿会招来嫌弃。左撇子在日常生活中可以不注意,但在正式场合绝对不可以。在比较正式的场合,物品应双手奉上,用左手则会被认为是鄙视他人。与左手一样,脚掌也被认为是不净的。泰国人认为脚是卑贱的,只能用来走路,不能干其他事情,例如用脚踢门和用脚指东西等都是不礼貌的行为。坐着时,不要跷起脚和把脚底对着别人。妇女落座,要求更为严格,双腿必须并拢,否则会被认为是不文明、缺乏教养。

(五)澳大利亚

澳大利亚联邦位于太平洋西南部和印度洋之间,面积761.7万平方公里,人口约2400万,95%的居民是英国及其他欧洲国家移民的后裔,土著居民有16万多,华人和华侨约20万。98%的居民信奉基督教,其余信奉犹太教、佛教和伊斯兰教。首都堪培拉。国歌为《前进,美丽的澳大利亚》。国花为金合欢花。通用英语。货币名称为澳元。1972年12月21日同中国建交。澳大利亚自然环境优美,社会环境安宁,教育水平世界公认,是留学及旅游的理想国家。

1. 社交礼仪

握手是澳大利亚人见面相互打招呼的方式,不过有些女子之间不握手,相逢时常亲吻对方的脸。男士们相处感情不能过于外露,大多数男士不喜欢紧紧拥抱或握住双肩之类的动作。澳大利亚人大都名在前,姓在后。称呼别人先说姓,熟人之间可称小名。澳大利亚进行商务活动的最佳月份是3~11月。澳大利亚是一个讲究平等的社会,不喜欢以命令的口气指使别人。他们把公和私分得很清楚,所以不要以为一起进过餐,生意就好做了。

2. 服饰礼仪

澳大利亚人非常注重公共场所的仪表,男子大多数不留胡须,出席正式场合时西装革履,女性穿着西服上衣西服裙。澳大利亚的衣着习惯可以简单总结为两条:一是按需要穿衣打扮;二是尽可能让自己舒适。在平常日子里,人人穿着朴实,个个随意休闲,不管男女老少,人们的衣着以T恤衫、牛仔裤、运动鞋等休闲服装为主。

3. 餐饮礼仪

澳大利亚人喜欢吃牛肉、羊肉、鸡肉、鸭肉、蛋、野味等。菜品清淡,讲究花样,不吃辣,对中国菜颇感兴趣。爱吃各种煎蛋、炒蛋、冷盘、火腿、虾、鱼、西红柿等。西餐喜欢吃奶油烤鱼、炸大虾、什锦拼盘、烤西红柿等。用餐时,主人一般坐在离厨房最近的位置,其余的人通常由主人指定座位。主人说"Sit where you like"时,就可以坐了。身为男士,在落座前要看一下右边的女士是否已经坐下,如果女士还没有入座,帮其把椅子调整到最佳位置并请其入座是男士义不容辞的责任。席间谈话不应涉及个人私事。有关政治、宗教等言论必须持谨慎态度,否则很可能无意中冒犯别人。最好的办法是等别人拉开话题后再谈。

到澳大利亚人家里做客,当主人上菜时,说不要是不礼貌的,可以说出不要的理由或少要一点。中国人吃饭讲究盘子里不能吃干净,而在西方国家正好相反,应尽量把盘子里的东西吃完,剩菜会被认为很不礼貌。中国人做客有个习惯,即当主人第一次询问要点什么时回答总是谦让一番,当主人再三询问后才说"少来点"。在西方国家,当主人问是否要点什么时,应直截了当地回答,不应谦让,否则主人会认为你既不饿也不渴,就不会再询问了。在澳大利亚,有的家庭从不请人喝含酒精的饮料,有的则在饭前喝,也有在饭后喝的。

4. 习俗禁忌

澳大利亚人很讲究礼貌,在公共场合从来不大声喧哗。在银行、邮局、公共汽车站等公共场所,都是耐心等待、秩序井然。澳大利亚同英国一样有"妇女优先"的习惯。澳大利亚人的时间观念很强,约会必须事先联系并准时赴约,最合适的礼物是给女主人带上一束鲜花,也可以给男主人送一瓶葡萄酒。

(六)法国

法兰西共和国位于欧洲大陆的西部,本土面积55.3万平方公里,人口约6660万,其中法兰西人约占94%。绝大多数居民信奉天主教。首都巴黎。国歌为《马赛曲》。国花为鸢尾花。通用法语。1964年1月27日同中国建交。

1. 社交礼仪

对于法国人来说,社交是人生的重要内容,没有社交活动的生活是难以想象的。法国人在社交场合与客人见面时,一般惯以握手为礼,少女向妇女也常行屈膝礼。男女之间、女子之间见面时,还常以亲面颊来代替相互间的握手。法国人还有男性互吻的习俗,两位男士见面,一般要当众在对方的脸颊上分别亲一下。在法国一定的社会阶层中,"吻手礼"也颇为流行。不过施吻手礼时,嘴不应接触女士的手,也不能吻戴手套的手,不能在公共场合吻手,更不得吻少女的手。交谈时要回避个人隐私、政治和金钱之类的话题。被邀请到某人家里做客是难得的,即使已相识很久。法国人注重烹调艺术,因此午餐和晚餐是日常生活中的重要组成部分,不容忽视。能激起人们思维和美感的礼物特别受欢迎,如给女主人送上鲜花或巧克力之类的小礼物。不要送印有公司名称或标志的礼品。

2. 服饰礼仪

法国人对于服饰的讲究是世界闻名的,所谓"巴黎式样",在世人耳中即与时尚、流行含义相同。在正式场合,法国人通常要穿西装、套裙或连衣裙,颜色多为蓝色、灰色或黑色,质地则多为纯毛。出席庆典仪式时要穿礼服,男士所穿的多为配以蝴蝶结的燕尾服或是黑色西装套装;女士所穿的多为连衣裙式的单色大礼服或小礼服。对于穿着打扮,法国人认为重在搭配是否得法。在选择发型、手袋、帽子、鞋子、手表、眼镜时,都十分强调要使之与自己的着装协调一致。

3. 餐饮礼仪

作为世界三大烹饪王国之一,法国人十分讲究饮食。在西餐之中,法国菜可以说是最讲究的。法国人爱吃面食,面包的种类很多;他们大都爱吃奶酪;在肉食方面,他们爱吃牛肉、猪肉、鸡肉、鱼子酱、鹅肝,不吃肥肉、肝脏之外的动物内脏、无鳞鱼和带刺骨的鱼。法国人特别善饮,他们几乎餐餐喝酒,而且讲究在餐桌上要以不同的酒水搭配不同的菜肴。除酒水之外,法国人平时还爱喝生水和咖啡。法国人用餐时,两手允许放在餐桌上,但不许将两肘支在桌子上;在放下刀叉时,他们习惯将其一半放在碟子上,一半放在餐桌上。

相当多的法国人为了形体美很讲究食物热量的摄取。吃鸡腿时要把鸡皮撕掉,特别是烤的或炸的,哪怕

再香也不吃。蔬菜的烹饪很简单,往往是在生菜上浇些汁,再配上烤鱼、煎牛排之类,很少动明火爆炒。法国人很少吃油,植物油也少得可怜,主菜中配的蔬菜统统是水煮的,没有什么香味。虽说法国菜很有名,但一般家庭平时吃的都比较简单。他们很注意控制体重,不愿意让自己发胖。法国人就是这样在自然美和雕琢美中寻找一种平衡。

4. 习俗禁忌

对法国人来说,工作和假日分得很清,工作不能影响假日,但假日可以占用工作时间。法语里有一句俚语叫"架桥",比如星期四是某个法定假日,那么他们会自行在星期四和周末之间"架桥",星期五就不去上班了。法国人工作时尽职尽责,一旦下班或休假,他们就不做任何工作,因为假日对他们来说是神

圣不可侵犯的。法国人干什么事都讲究预约,如请人吃饭要预约,去银行办事要预约,修车要预约,找医生看病要预约,甚至连理发也要预约。在法国,无论是在办公室还是家中,不速之客推门而入的现象极为少见。如果事先不预约,首先,对方会觉得你不礼貌;其次,没有预约,常常会吃闭门羹。所以,在法国,无论男女老少,不管是公司老板还是家庭妇女,人手一本备忘录,上面密密麻麻地记着几月几日几点该去哪儿、办什么事。

法国的国花是鸢尾花。菊花、牡丹、玫瑰、杜鹃、水仙、金盏花和纸花,不宜随意送给法国人。法国的国鸟是高卢鸡,他们认为它是勇敢、顽强的直接化身。法国人多喜爱蓝色、白色与红色,他们所忌讳的色彩主要是黄色与墨绿色,因为第二次世界大战期间德国纳粹的军服是墨绿色。法国人忌黑桃图案,认为不吉祥;也忌仙鹤图案,认为仙鹤是蠢汉和淫妇的代称。在人际交往中,法国人对礼物十分看重,也有其特别的讲究。宜选具有艺术品位和纪念意义的物品,不宜选刀、剑、剪、餐具或是带有明显广告标志的物品。男士向一般关系的女士赠送香水也是不合适的。在接受礼品时若不当着送礼者的面打开包装,也是一种无礼的表现。

(七)俄罗斯

俄罗斯联邦位于欧洲东部和亚洲北部,面积1707.5万平方公里,人口约1.43亿,其中80%以上是俄罗斯人。主要宗教为东正教。首都莫斯科。国花为向日葵。俄语为官方语言。货币名称为卢布。

1. 社交礼仪

在人际交往中,俄罗斯人素来以热情、豪放、勇敢、耿直而著称于世。在交际场合,俄罗斯人惯于和初次会面的人行握手礼。握手时要脱手套,不摇对方的手,一般关系的轻轻地握,关系很好时可用力。在与年长的妇女握手时,别先伸手;对初见面的妇女,可先鞠躬;对于熟悉的人,尤其是在久别重逢时,他们则大多要与对方热情拥抱。在迎接贵宾时,俄罗斯人通常会向对方献上"面包和盐",这是给予对方的一种极高的礼遇,来宾必须欣然笑纳。

在称呼方面,与俄罗斯人在一个较正式的场合互相认识和交谈,要努力记住对方的全名,称呼他的名字时还应加上父姓,以示尊敬和客气。在俄罗斯,人们非常看重人的社会地位,因此对有职务、学衔、军衔的人,最好以其职务、学衔、军衔相称。让烟时,一般要递上烟盒让其自取,不能只递一支。男士吸烟时,应先问问身旁的女士是否介意。俄罗斯人在公共

场合要么不说话、要么低声交谈,很文明。

2. 服饰礼仪

俄罗斯人很注重仪表,很爱干净,衣着整洁,出门旅行总要带熨斗。不扣好扣子或将外衣搭在肩上会被认为是不文明的表现。城市居民多着现代西装,春秋季喜欢在西装外套一件漂亮的风衣,冬季则以呢大衣为主。女士爱穿裙子。在俄罗斯民间,已婚妇女必须戴头巾,并以白色的为主;未婚姑娘则不戴头巾,但常戴帽子。参加晚会、观看演出时,俄罗斯人习惯穿晚礼服,尤其是看芭蕾舞剧,显得特别高贵。

3. 餐饮礼仪

在饮食习惯上,俄罗斯人讲究量大实惠,油大味厚。他们喜欢酸、辣、咸味,偏爱炸、煎、烤、炒的食物,尤其爱吃冷菜。总体而言,他们的食物在制作上较为粗糙一些。俄罗斯人以面食为主,他们很爱吃用黑麦烤制的黑面包。除黑面包之外,俄罗斯的特色食品还有鱼子酱、酸黄瓜、酸牛奶等。吃水果时,他们多不削皮。在饮料方面,俄罗斯人很能喝冷饮,烈酒伏特加是他们最爱喝的酒,此外他们还喜欢喝一种叫"格瓦斯"的饮料。

俄罗斯人一日三餐,早餐比较简单,面包夹火腿,喝茶、咖啡或牛奶。午餐则丰富得多,通常有四道菜:第一道菜为冷盘;第二道菜是汤,俄式汤类比较有营养,有土豆丁、各类蔬菜,还有肉或鱼片;第三道菜为肉类或鱼类加一些配菜;第四道菜为甜点、茶和咖啡之类。按照俄罗斯的习惯,菜的顺序不能颠倒。俄罗斯人用餐时多用刀叉,他们忌讳用餐时发出声响,并且不能用匙直接饮茶,或让其直立于杯中。通常,他们吃饭时只用盘子而不用碗。参加俄罗斯人的宴请时,宜对其菜肴加以称道,还要尽量多吃一些。俄罗斯人将手放在喉部时,一般表示已经吃饱。

4. 习俗禁忌

"面包和盐"是俄罗斯人用来招待贵宾的。这是因为在古俄罗斯,盐很珍贵,只有款待宾客时才用,而面包代表着富裕和地位。一般是将面包放在铺有精致刺绣方巾的托盘上,由主人献给尊贵的客人。客人先对面包示以亲吻,然后掰一小块,撒上点盐,品尝一下,表示感谢。

在俄罗斯,被视为"光明象征"的向日葵最受人们喜爱,它被称为"太阳花",并被定为俄罗斯国花。拜访俄罗斯人时,送给女士的鲜花宜为单数。在数字方面,俄罗斯人最偏爱"7",认为它是成功、美满的预兆。他们也特别喜爱小动物,如猫、狗等。俄罗斯人喜欢文学,酷爱读书。在汽车上、地铁里,随处可见看报、读书的人。很多俄罗斯人的家里都有大量丰富的藏书,有的甚至拥有家庭图书馆。俄罗斯人主张"左主凶,右主吉",因此,他们也不允许以左手接触别人,或以之递送物品。俄罗斯人讲究"女士优先",在公共场合,男士往往自觉地充当"护花使者",不尊重妇女,到处都会遭白眼。俄罗斯人忌黑色,认为它是不吉利的颜色;忌讳兔子,认为兔子胆小无能;忌问女子的年龄和衣饰价格。此外,俄罗斯人还忌讳政治矛盾、经济难题、宗教矛盾、民族纠纷、苏联解体、阿富汗战争以及大国地位等问题。

(八)美国

美利坚合众国位于北美洲中部,面积963万平方公里,人口约3亿。美国是一个多民族的移民国家,白人占80%,其余分别为非洲裔、亚裔等。主要宗教为基督教、天主教和犹太教。首都华盛顿。国歌为《星光灿烂的旗帜》。国花为玫瑰花。通用英语。货币名称为美

元。1979年1月1日同中国建交。美国是世界经济强国,是中国商务人员在涉外业务中接触较多的国家之一。

1. 社交礼仪

美国人以不拘礼节、自由自在著称。和陌生人打招呼,不见得是想和对方做朋友;一场愉快的交谈,不见得会成为莫逆之交。只要主动接触,以愉快的心情应对即可。美国人只在正式场合行握手礼,一般场合见面时相视一笑,说声"Hi"或"Hello"即为见面礼节。初次见面,相互介绍也很简单。一般原则为:将位卑者介绍给位尊者,将客人介绍给主人,将年轻人介绍给年长者,将下级介绍给上级,将女士介绍给男士。介绍后握手须简短有力,美国人认为有力的握手代表诚恳坦率。在公务场合,美国女子会主动伸手(其他场合则不一定),女性先伸手,男性才能握女性的手(女性之间一般不互相握手);若女士无意握手,男士应点头或鞠躬致意。与女士握手不可太紧,握手前应脱手套,来不及脱应致歉。关系密切的亲朋之间可行亲吻礼,女子之间互吻面颊,男女之间由男子吻女子面颊。对于他人的握手、拥抱、吻手、注目、点头等礼节,美国人会以同样方式回礼。告别时不必握手,挥挥手说声再见即可。

美国人相互之间直呼姓名,一般不用"先生""太太""小姐"等称呼,也不用正式头衔,只对法官、医生、高级官员、教授、高级神职人员称呼头衔。称呼长者忌用"老"字。美国人交谈、示意喜欢用手势。请人接电话,用听电话的手势;请侍者结账,用写字的手势。他们习惯打过招呼即谈正事,不送茶、寒暄。美国人不把互赠名片视为礼节,只为便于日后联系时才送名片,送名片给他人时并不期待他人回送名片。与美国人交往,有两种场合可通过赠礼来自然地表达祝贺和友情:一是每年的圣诞节期间;二是当你抵达和离开美国的时候。如是工作关系可送些办公用品,也可选一些具有民族特色的精美工艺品。在美国,请客人吃顿饭、喝杯酒,或到别墅去共度周末,被视为较普遍的"赠礼"形式,只要对此表示感谢即可,不必再作其他报答。去美国人家中做客一般不必备厚礼,带些小礼品如鲜花、美酒和工艺品即可;如果空手赴宴,则表示你将回请。

2. 服饰礼仪

美国人大多衣着随意,在公众场合穿各种服装的都有。一般喜欢穿T恤衫、夹克衫、牛仔裤、运动衫、球鞋。需要注意的是,女士裙子要盖过丝袜口,女式短裤不能配高跟鞋,否则会被人误以为是应召女郎。涂眉画眼,口红浓重,也是应召女郎的标志。任何人都不能在公众场合穿背心、睡衣。美国人的服饰追求体现个性、气质、风度,讲究舒适,在西方率先以简洁朴实的服装取代名牌服装。美国人在正式社交场合注重着装,宴会上都有着装要求。参加重要宴会,应注意请柬上有关服装的规定。如果不确定服装的要求,可以先问问其他参加者,以免尴尬。

3. 餐饮礼仪

美国人讲究效率,快餐业发展很快,既方便又有营养的三明治成为美国人的主食。美国人的午餐较随便,常吃汉堡包、三明治等。美国人不爱吃肥肉,不吃清蒸和红烧的食品;一般不饮烈性酒,即便要饮,也通常加入冰块再喝。口味特点是咸中带甜,喜欢清淡,多数吃西餐,也爱吃中国的川菜和粤菜,还喜欢吃中国北方的甜面酱和南方的蚝油、海鲜酱等。美国人请客人吃饭时,先用电话邀约,客人接到邀请后要给予答复,参加者一般提前5至10分钟到达。若迟到15分钟以上,应先给女主人打电话。

4. 习俗禁忌

美国人非常看重他人对自己的印象。他们一致推崇那些受大家喜欢、具有吸引力的人。他们总是希望能同别人无拘无束地接触,并结识更多的朋友。美国人在交往时,不喜欢服从别人,也不喜欢别人过分客气地恭维自己;他们不喜欢依赖别人,也不喜欢别人依赖他们。美国人从小便养成独立奋斗、不依赖父母的习惯,美国早期历史造就了他们善于在逆境中不气馁、看准目标、孜孜以求的性格。他们认为,死要面子意味着一事无成,沉于幻想意味着一无所有,他们钦佩的是那种精明强干的人。他们喜欢一切都自己动手,大小事情都能自己解决。多数美国人都懂得怎样使用机器、修理电气设备、油漆家具和粉刷墙壁。他们认为,做这些生活中的粗活理所当然,绝对无损体面。相反,那些书呆子、假绅士、健谈短行的人才会被人取笑。

每种文化都有自己忌讳的话题。对许多美国人来说,年龄是个非常敏感的问题,特别是对女性来说更是如此。在这个崇尚年轻的文化中,想到变老是很痛苦的。体重同样是最敏感的话题之一,在美国,长得瘦不是错,甚至会让人羡慕,但超重就让人极为难堪,是种罪过。

思考与训练

1. 涉外礼仪的原则包括哪些?
2. 涉外礼仪的禁忌包括哪些?
3. 日本的社交礼仪包括哪些?
4. 韩国的用餐礼仪包括哪些?
5. 随着中外文化交流的快速发展,很多国外志愿者纷纷来到中国各大院校通过传授英语促进文化传播和交流。如果你的学校来了外教,请你谈谈在不同场合面对外教需要注意哪些礼节。

礼仪拓展

进入外国人的办公室或住所的礼节

到外国人的办公室或住所,应预先约定、通知,并按时抵达。如无人迎候,进门前先按铃或敲门,经主人应允后方得进入。如无人应声,可稍等片刻后再次按铃或敲门(但按铃时间不要过长)。无人或未经主人允许,不得擅自进入。因事急或事先并无约定,但又须前往时,应尽量避免在深夜打搅对方;如万不得已,非得在休息时间约见对方时,则应在见到约见人后立即先致歉,说"对不起,打搅了",并说明打搅的原因。经主人允许或应主人邀请,可进入室内。尽管有时洽谈的事情所需时间很短,也应进入室内,不要站在门口进行谈话。主人未邀请进入室内,可退到门外,在室外进行谈话。进入室内,如说话所需时间较短,可不必坐下,事毕也不要逗留;如所需时间较长,要在主人邀请之下方可入座。在预先并没有约定的情况下,谈话的时间尽量不要过长。

应邀到外国人家里做客,应按主人提议或同意的时间抵达,早到或迟到都是不礼貌的。如发生迟到的情况,应致歉意。进行拜访,一般安排在上午十时或下午四时左右。西方习惯备有小吃和饮料招待,客人不要拒绝,应品尝一下,接受的饮料应喝掉(但实在不习惯时,也不必勉强)。不经主人的邀请或没有获得主人的同意,不得要求参观主人的庭院和住房。在主人的带领下可参观住宅,但即使是较熟悉的朋友也不要去碰触书籍、花草以外的个人物品和室内的陈设。对主人家中的人都应问候,尤其应问候夫人(丈夫)和子女。有小孩在场时应主动与孩子握手、亲抱表示喜欢。家中养有猫狗的,不应表示出害怕、讨厌,不要去踢它、轰它。离开时,应有礼貌地向主人告别,感谢主人的招待。

项目三 金融服务礼仪

项目目标：金融行业从业人员个人礼仪是金融行业个体的生活行为规范与待人处事的准则，是员工个人仪表、言谈、举止、待人和接物等方面的具体规定，是个人道德品质、文化修养、教养良知等精神内涵的外在表现。学生通过学习可以了解到金融行业从业人员个人礼仪的核心就是在金融工作中尊重客户、与人友善、表里如一、内外一致。它不仅是衡量金融行业从业人员个人道德水准高低和有无教养的尺度，而且也是衡量一个企业、一个行业和一个社会文明程度的重要标志。

任务一 银行柜台人员服务礼仪

案例引入

一位三十多岁的瘦高男青年走到银行柜台前，柜员说："先生，请问您要办理什么业务？"客户说："开户。"柜员说："请您再说一下！"顾客说话的声音很低，柜员几乎没有听见，就不假思索地说："请你大声点。"顾客很生气，并向行长进行了投诉。在谈话中，柜员才知道，顾客刚做完手术，恢复不久。

【分析提示】

细致、细心地去发现情况的确很重要，当顾客重复一遍后，柜员还没有听见，可以问："请您大声一点好吗？是不是哪里不舒服？"顾客说刚做完手术，恢复不久。柜员要体谅他的痛苦，说："对不起，先生，请重复一下您的要求。"并在他重复的同时凑到跟前仔细倾听，然后快速地为他办好业务，并关切地说："先生，请慢走。"只要我们心中重视客户，把客户放在首位，我们就能吸取教训，为客户提供更加优质化、满意化的服务。

礼仪解读

一、基本服务礼仪

1. 温馨动人的笑容

（1）笑是世界共通的语言。当你用亲切合宜的语言向客户打招呼之后，马上应该提供的下一个服务就是——微笑。笑是世界共通的语言，任何人面对善意的微笑，都能感受到他人传递过来的友好信息。对于银行的柜台人员来说，必须要学会使用这种特殊的语言。

（2）灿烂的笑容会令人如沐春风，稳定客户的心。笑能让人有安定的感觉，让人产生亲切、温馨的情感，所以，千万不要吝惜你的笑容。作为金融行业服务人员，不一定要使用那种非常职业化的笑,你的笑可以更自然、更真实。自然而真挚的笑容来自于服务人员对自己工作的热爱以及对客户的尊重,这样的笑容才是灿烂的笑容,它可以打开客户的心扉,令客户如沐春风。

2. 视线服务

(1)当接触客户的眼神时要微笑点头,提供视线服务。在为客户服务时,每个服务人员都要做到顾客至上,用心服务。银行柜台服务人员在为客户服务时,要与客户的眼神直接对视,这样的服务能打破你与顾客之间的障碍,能让客户感觉到自己受到重视。

(2)经常环视大厅,看看有没有客户需要协助。银行的工作有几个固定的时段比较忙碌,一般情况下,大部分人会比较空闲。这时,你要学会经常环视大厅,看看有没有客户需要协助。为客户服务是银行工作的重中之重,要养成时时关注客户的好习惯。

3. 妥善措辞

(1)学习与客户互动。银行的服务人员要学会与客户互动,"互动"就是强调要尽可能多地与客户进行交流,在尽可能多的范围内,适当地对其表示关心,从而有效地促成交易。

比如,你的银行有这样一位客户,他就住在银行附近,每天在银行关门前,他都会将工作一天的所得存进银行。面对这样的常客,你就要学会对其表示关心。天气变冷了,你可以问候他"外面冷吗?天气开始转凉了,您要多注意添点衣服,不要感冒了。"这就是一种互动,这种互动虽然简单,却是非常必要的。

(2)措辞有礼,语句优雅。银行的服务人员讲话要和一般人不同,这种不同主要表现为措辞有礼,并且语句优雅。每个服务人员讲话之前都要三思,要充分考虑到你的话语可能造成的后果以及客户的感受。

(3)要称呼先生、小姐和女士。当你接待上了年纪的客户时,尽量不要用"老"字来称呼对方,最好用先生、女士来称呼,你可以说:"请问这位先生,您有什么需要我帮忙的?""请问这位女士,您要取多少钱?"

(4)请问贵姓?请问贵公司宝号?这是你在为客户服务时一定要用到的话语。因为称呼姓氏能够有效增加你对客户的印象,而且能够让客户产生强烈的受到重视的感觉。

4. 礼貌用语

"麻烦您、谢谢您、对不起、不好意思让您久等了"等语言,是银行柜台人员常常要使用的礼貌用语。要想使用好这些礼貌用语,银行的柜台服务人员首先要明白以下道理:

(1)柜台服务人员是企业的守门员,如果没有这些柜台人员,银行业将很难运作。柜台服务人员要认识到自己的重要性,银行的装修再美观、再豪华,都不如暖性诉求的作用大,而暖性诉求是要靠人去运作的。

(2)银行的柜台服务人员还要积极发挥团队精神,展现精致的服务内涵。大家要团结一致,不分你我。虽然每个人从属于不同的工作部门,但是都在一个大集体中,不论谁遇到困难,大家都要互相帮助。

(3)服务于顾客要抱着一期一会的精神,不管是面对老顾客,还是过路客,只要他进入你的服务领域,他就是你的上帝。尤其是对于那些过路客,也许你只有一次机会为他服务,所以,你更要为其提供优质的服务。

5. 服务员专业形象

(1)得体的打扮能提升个人及企业形象。俗话说:"佛要金装,人要衣装",得体的打扮能够提升个人以及企业的形象。金融行业的服务人员,尤其是女性职员,上班的时候最好化淡妆,比如淡淡的眼影、淡淡的口红,为了避免脸色过于苍白,还可以刷一点腮红。头发保持整洁,如果是长发,最好用皮筋扎起来,要尽量避免用手撩拨头发。总而言之,要以得体的个人形象精神抖擞地为客户服务。

（2）男士发型、制服的修饰及整体形象。男性服务人员要特别注意自己的发型和制服,注意整体的个人形象。要定期刮胡须;注意保持牙齿的清洁;定期修理眉毛;保持头发的整洁,不要让额前发过长,不要染发,不要留怪异的发型,脑后的头发最好剪得短一点。在银行业工作的男性要通过个人形象展现专业的水平,所以,对于很多细节都要考虑到。

（3）女士发型、制服及饰物的穿戴重点。

制服:女性职员上班时如果着裙装,一定要穿裤袜,注意不要穿短袜,也不要穿半截袜。裤袜要以灰色为主。鞋必须是包鞋,不要穿凉鞋或拖鞋。

饰物:女职员还要注意身上的饰物。因为工作性质的关系,银行职员每天都要用手拿钱,所以女职员手上的饰品不要过于繁复,也不要过于粗俗;指甲油不要用鲜红色的,最好选用透明的或者淡粉红色的。

（4）金融行业员工个人礼仪的基本构成要素:仪表、仪容、仪态。职业套装着装礼仪规范:七分在理,三分在穿。

① 纽扣。单排一粒扣:扣与不扣都行;两粒扣的只扣上面的一粒;三粒扣的则扣中间的一粒或扣上面两粒;大于三粒扣的上下端纽扣不扣。② 西裤、裙。西裤裤扣好,拉锁拉严,裤长合适,皮带上无多余物品;裙装长短合适(膝盖左右)。③ 衬衫。选择纯白或与外套颜色相协调的单色衬衫;双手垂下后,袖长超过西装的袖长1cm左右;衬衫下摆必须扎进裤内。④ 衣袋。衣袋不要放过多冗物。⑤ 领带。领带长度以到皮带扣处为宜。⑥ 西装与鞋袜。不宜穿布鞋、凉鞋或旅游鞋,要配深褐色或黑色的皮鞋。男士以深色袜子为宜;女士丝袜以肉色或黑色为宜。

（5）优雅仪态。为客户服务时要注意保持优雅的仪态,具体包括一个小动作、一个眼神或者一次回头。不要用眼角瞄客户;为客户指引方向时,要用邀请的手势;为客户传递物品时,要用双手,不要养成单手传递的习惯,更不要扔东西。

（6）自我反省。要养成每天自我反省的好习惯,每天在工作结束后,都要问问自己:"我做得好不好？我这样做够不够？还有没有什么地方需要修正？"通过自我反省不断强化自己的专业形象,提升服务质量,同时提升自己在职场中的能力。

二、最佳柜台服务

1. 温和亲切的态度

要想真切自然地对客户展现温和亲切的态度,就要发自内心的接受以下观点:要使自己开心,先要使客人高兴。在说话的同时搭配得体的肢体语言,得体的肢体语言能够带给客户亲切的感觉,可以使美好的服务语言变得形象化。

2. 简洁明了的表达

口齿清晰、语意清楚、语调平稳是对银行服务人员的基本要求,特殊的服务要求特别的语言。银行每天都要与钱打交道,为了避免出错,银行服务人员的表达一定要一字一句、简洁明了。

遇到比较急躁或者比较麻烦的客户,银行服务人员一定要有耐心,要逐字逐句地为其解说清楚,千万不能让客户带着疑问离开。

对于银行的营业内容,每个柜台服务人员都应能用简洁明了的语言进行说明,当有客户询问时,服务人员应尽量避免出现朗读宣传材料的情况,而是要把这些材料消化为自己的知识。

三、诚恳的接待

1. 每日心中有一道彩虹

诚恳的接待要求银行的服务人员具有健康而愉快的心态。只要一迈进工作场所,服务人员的心中就马上升起一道彩虹,红橙黄绿青蓝紫,一天一种颜色,颜色虽不同,开心却一样。带着这样的情绪参与工作,才能使客户也感同身受。

2. 发之于心,出之于诚,谦恭待客

具有了愉快的情绪,还要有发之于心的诚恳,才能做到谦恭待客。俗话说"心诚则灵",只要具有专心为客户服务的诚心,再加上十二分的礼貌,相信你一定可以成为客户信任的优秀的服务员。

3. 关注客户的需求

诚恳的接待还体现在关注客户的需求方面,诚心为其服务,必然能够抓住客户的主要需求,在其需要鼓励时进行鼓励,在其需要关心时给予关心,这样的接待才是诚恳的接待。

四、提升工作效率

1. 具备专业素养

要想提升工作效率,首要的一点就是要具备银行服务人员的专业素质。这种素质既包括着装、仪态,也包括对银行业相关知识的掌握;这种素质既体现在待人接物的收放有度,又表现在对自己和企业的发展有想法、有规划上。

专业就意味着效率,所谓"没有规矩不成方圆",每一位银行的服务人员都要努力向上,积极培养自己的专业素养。

2. 银行职员是客户的理财顾问

银行职员在为客户服务时要明确一点,那就是自己是客户的理财顾问,而不是营业人员。要把自己定位在顾问这个角色上,当客户有需求时,银行职员要有见地地去建议他进行投资或者进行定存等。

3. 立足中国,放眼世界,要有国际观

在日常的工作中,你首先要立足于中国,因为这里是你的根本;在这个根本的基础上,你还要放眼全世界,也许有一天你会被分派到国外的分行,这个时候你平时建立的国际观就成为必不可少的条件了。所以,无论在何时,你都要学会在打好基础的同时,多多开阔眼界,避免使自己成为一只井底之蛙。

五、贴心的照顾

1. 对于年长客户要像家人一样地关照

对客户贴心的服务还体现在对年长客户的特殊关照上。对待年长的客户,应投入更多的爱心,要像照顾家人一样去关照他们。当他们写字填表动作缓慢的时候,不要急于催促;当他们排队等待服务时,可以专门为他们开设一个柜台。

2. 根据天气的变化展现不同的关怀

银行的服务人员还要学会随着天气的变化,对客户展现不同的关怀。雨天的时候,你的关怀就要像雨伞;雪天的时候,你的关怀要温暖如太阳。这样充满人情味的服务必然会让你和你的客户获得双赢。

 思考与训练

张小姐是某银行新来的一位柜台服务人员,刚刚进入新的环境就遇到了烦心的事情,她不知道自己该以何种形象出现在工作场合最为得体。

您能否帮助张小姐解决难题呢?

您的建议是:

_____

_____

_____

 礼仪拓展

银行柜台人员有自己独特的服务礼仪,每一个银行柜台的服务人员都要学习和掌握这些礼仪,这样才能保证日常工作的顺利进行。当客户走进银行的时候,柜台的服务人员要马上对客户说出亲切恰当的招呼语。比如,客人是早晨来的,你可以说一声"您早";如果是下午来的,你就说一句"您好"。紧接着,你应该再问一句:"请问您有什么需要我服务的吗?您是需要取钱还是需要存款呢?"亲切恰当的招呼语有多种形式,要想自然说出令客户满意的招呼语,您首先要从内心理解和体会以下的观念:

1. 服务是一种修行

每个人都想获得成功,成功的行为来自于成功的信念。对于服务行业的从业人员来说,首先要树立的信念就是——服务是一种修行。

修行就意味着要吃苦,"吃得苦中苦,方为人上人"。我们都知道向高手学习可以避免多走弯路,但是,很少有人知道,所谓的高手其实就是最早明白"服务是一种修行"这个道理的人。

当别人娱乐的时候,你博览群书、不断充电;当别人绝望的时候,你要用积极的思想武装自己。成功是需要累积的,只有不断修行,你才能发自内心地理解服务于人的益处,你才能不被竞争激烈的社会所淘汰。

2. 金融业是所有服务行业的金字塔

在所有的服务行业中,金融业是一座金字塔。所以,金融行业的服务人员也要提供与金字塔地位相匹配的一流服务。

没有一流的服务表现,服务人员是无法在一流的银行业中立足的。所以,身处金字塔中的你一定要珍惜自己的运气,认真对待每个客户。用一流的服务使客户愿意把钱放在你所在的银行中,这样你的业绩才会一天比一天好,福利也会一日一日地增加。

3. 每个客户都是我们的"财神爷"

要深刻认识到每个客户都是我们的"财神爷",没有客户,银行就无立足之本,而个人更无存身之地。只有认清了客户与自己的直接关系,服务人员才能保证自己在行为上不出偏差。

4. 具备优质的服务品质及令人信任的银行文化

既然客户都是"财神爷",银行的服务人员对待客户自然要像对待"财神爷"一样,要为客户提供优质的服务,同时,银行要建立令人信任的银行文化。

以服务柜台为例,中国的银行的柜台承袭了古代当铺的特点,一般都是高高在上,客户在进行交易时,需要仰视服务人员;而日本的银行的柜台恰恰相反,为了营造亲和力,他们的柜台一般只到人的腹部,非常有利于消除人与人之间的隔阂。这就是不同的银行文化的表现之一。

能在银行工作的人,可以称得上是"万中选一",这充分说明了银行的社会地位。要想将这种"万中选一"变成实实在在的利益,银行的服务人员就要不断鞭策自己,为顾客提供优质甚至超值的服务,与此同时,也能为所在银行建立令人信任的企业文化贡献自己的一份力量。

任务二 银行业服务技巧

 案例引入

在日本有一家非常有名的面包连锁店,它的总部设在东京。有一次总部进来了一个乞丐,面包店经理马上从柜台后面走了出来。经理的行为让售货小姐非常紧张,她急于赶走这个乞丐。

出乎她意料的是,她看到自己的经理在向那位乞丐谦恭有礼地介绍自己的产品:"这个是我们的'渣怀'面包,是我们今天刚出炉的,您慢慢挑,如果有什么需要叫我一声。"当这个乞丐挑了一块面包以后,经理又亲自把面包拿到柜台上包装好,双手奉上。这个乞丐从口袋里面掏出一些铜板,经理伸开双手,让他把这些铜板放到自己的手掌心,接着谦恭有礼地把乞丐送到门口,并不断地打躬作揖。

员工对经理的这种行为不太理解,他们向经理问道:"我们这里即使是一些有钱人进来了,你顶多就是出来跟人家打个招呼,然后就招呼我们出来服务。今天你为什么对一个乞丐那么客气呢?"这位经理这样回答:"你们有没有想过,那些有钱人要想吃我们的一块面包是多么的简单,只要一掏口袋,百元大钞就出来了。但是对这个乞丐来说,他可能在外面风餐露宿、日晒雨淋,才能要到这一点点的铜板,就只为了享受我们的一块面包,这是多么珍贵呀!所以,他才是我们最潜在的客户,我们应该心存感恩,感谢他对我们的支持。"

礼仪解读

一、接待顾客的技巧

(一)顾客靠近时

1. 眼神含笑注视顾客脸部

当顾客靠近的时候,你的眼神一定要注视顾客,切忌顾左右而言他。若此时有其他顾客向你发问,你要先把第一位顾客的工作完成之后再去关照第二位顾客,否则第一位顾客会误认为自己遭到了不平等的对待。

一个合格的银行服务员心中一定要有平等的观念,无论钱多钱少,每一位顾客都是你的贵宾,只要他将钱存进你所在的银行,他就是你的上帝。所以,在接待顾客时,要特别注意自己的眼神,眼睛是心灵的窗户,它会在不知不觉中轻易地泄漏你的想法,既然如此,你就应该将你对顾客的友好"泄漏"给他,所以,请你面对顾客时一定要做到眼神含笑。

2. 打招呼问好

当顾客迈进银行时,你首先要打招呼问好。面对熟悉程度不同的顾客,你打招呼的内容也应该有所不同。如果这位顾客是老客户,你就不能用制度化的问候语打招呼,而应该灵活一些,比如"好久不见了,我很开心又看到您了,今天有什么需要我服务的?"如果对方是初次上门,你最好选用基本的问候语,比如"您好,请问有什么需要我服务的?"

3. 使用服务用语

银行业属于服务业,银行的服务人员要习惯于使用服务用语。要多用"您",因为"您"比"你"能表现出更多的尊敬。比如"麻烦您,证件让我看一下"和"把你的证件给我看一下",这两句话就会带给顾客完全不同的感受。

此外,要常常使用"请""谢谢""对不起""麻烦您了"等语句,你要和这些话成为最为亲密的朋友,随时随地使用它们。

4. 交谈结束时使用结束语

当你与顾客的交谈结束时,一定不要忘了说几句充满祝福的结束语。对于经常往来的顾客,你可以说:"希望您今年的业绩能够一路常红!祝愿您的公司宏图大展!"这样的结束语会使听者产生非常愉悦的感觉。

此外,逢年过节的时候,结束语可以更加生动亲切一些。这些祝福式的结束语能够拉近你和顾客的距离,使你们以后的合作更加愉快。

(二) 受理顾客交办事项时

当你受理顾客交办的事项时,一般可以使用以下礼貌用语,这些话语是你与顾客沟通的桥梁,请务必掌握。

1. 受理顾客交办事项时须使用的礼貌用语

(1) 麻烦把您的证件给我看一下,谢谢!

(2) 对不起!请您稍候。

(3) 麻烦您在这里签字。

(4) 很抱歉!因为您的证件不齐,所以我无法帮您办理,请您下次带齐证件再来一趟,很抱歉,耽误您的时间!

(5) 先生,您的存折办好了,请慢走!

当你使用以上礼貌用语时,如果遇到顾客不理解的情况,请务必向顾客解释清楚,你所做的确实是出于保障顾客利益的目的。这样才能使顾客觉得你的服务非常到位,也能在一定程度上提高顾客的自我保护意识。

2. 询问顾客用语

(1) 遇到顾客姓名中有不认识的字时。作为服务性行业,银行的服务人员每天要接触众多的顾客。中国字太多,每个人的名字又不相同,所以在服务中遇到不认识的字可谓再正常不过了。虽然可以通过平时的学习和积累尽量避免出现这种情况,但这并不能保证万无一失。所以,当你遇到不认识的字时,一定要虚心求助于顾客。你可以说:"先生,请问您姓名中间的这个字怎么读?"相信顾客一定会清楚地告诉你。这样的提问非但不会受到别人的嘲笑,反而会让顾客觉得你是一个实事求是的人。长此以往,相信你可以认识许多比较生僻的汉字,从另外一个角度也提高了你的中文水平。

(2) 遇到外宾时。随着经济发展的全球化,银行接待的客户不只包括中国人,还有许多外国人。要克服语言障碍,银行的服务人员必须具备一定的外语能力。外语语种虽多,但一般来说,只要你掌握了英语,就可以应对大多数的外籍顾客。

银行服务人员必须要掌握一些比较常用的银行用语,比如外宾会问你:"我如果要开户,需要具备什么资格?我要向账户里存多少钱?我存入美金可不可以?"等等。对于这些问题,你不仅要能听懂,而且要能够应对自如。比较常用的有:"请问您要汇多少钱?""请问您要换多少外币?""请您到××柜台办理,谢谢!"

(3) 顾客抱怨指责时。① 虚心道歉。遇到顾客的抱怨在所难免,作为银行的服务人员,遇到抱怨时不能总想着如何躲开,而要迎头而上,设法消除顾客的抱怨。任何抱怨都是可以化解的,只要你用心去解决。遇到抱怨的时候,应该马上采取的行动是虚心道歉,不论责任在谁,你都要先向顾客道歉。可以说:"对不起,很抱歉,本人仅代表银行向您致以深深的歉意。"

② 找出原因。向顾客道歉之后,接下来要设法让顾客说出不满的原因。你可以这样询问顾客:"您为什么生气?是什么事情让您这么不开心?您慢慢说出来,或许我可以帮您解决,如果我不能解决,没有关系,我很快会上报我们主管,让他来向您道歉。"

相信通过这样的对话,顾客一定能感觉到你的诚意,他心中的怒火也会慢慢熄灭,而你就可以找出引发抱怨的原因了。

③ 寻求解决之道。了解了引发抱怨的原因之后,就要马上寻求解决方案。如果是自己能解决的问题,就应该立刻果断处理;如果是以自己的能力所不能解决的问题,或者已经超出你的权限范围,你应该选择"搬救兵"的方式。当你的上级主管处理这些问题的时候,你应在旁边认真学习,这样会提高你自己处理问题的能力。

④ 吸取经验。每一次问题处理完毕,你都要做个有心人,不断积累经验。因为问题虽多,但类型是有限的,你要善于将每天遇到的问题进行归类,然后记下这类问题应该怎样处理、那类问题又该如何解决。当以后再出现同类问题时,你就可以很轻松地进行处理了。

思考与训练

小王是某银行的一名优秀员工。有一天,一对手牵着手的夫妻走进他所在的银行,正好轮到小王为其服务。见到这两位顾客,小王马上满脸笑意地说:"您好!您好!看见你们这么恩爱,真让人羡慕呀!请问我能帮你们什么忙呢?"小王的话让那对夫妻笑得更甜了,他们很快顺利地完成了交易。

请分析一下,小王主要使用了哪种方式接待客户,从而获得了良好的效果?

_____
_____
_____

银行服务的五个层次

在你满怀激情工作的时候,理解并掌握了服务的五个层次,会使你更加充满自信。

服务的第一个层次就是规范服务。从行服、发式、鞋子的整齐搭配开始,有礼有节的举止,发自内心的微笑,有板有眼的五步法,这是给予每一名客户的第一印象。

服务的第二个层次是学会倾听。柜员、大堂经理、理财经理、客户经理触及的客户形形色色,学会倾听,能够更快更好地理解客户,继而运用自己所学的金融知识、实践工作经验用通俗易懂的言语解释给客户听,也就很容易明白和接受了;学会倾听的过程中,慢慢可以将自己磨炼成为有学问、有知识、有思考能力的人,这是当下客户所需要的。

服务的第三个层次是善解人意。善解人意一方面是为客户减少不必要的麻烦和理财误区;另一方面则是尊重客户的知情权、选择权,从早提醒、早告知、事后维护、事后回访入手。虽然我们始终围绕客户谈论的是工作,但实际上是离不开个人品质的,提前为客户着想一些有可能影响其情绪、利益、投资的事项,你的客户、你的朋友,会看在眼里的。

服务的第四个层次是多向思维和创新的智慧。也就是客户反馈的某些意见,实际上并不是单一的吐露,更多蕴含的是更高更优质的服务需求,尤其是抱怨和投诉,如果能够完满解决并由此进行后续的改进、创新、建议是十分必要的,基层行的员工可以将这些宝贵的意见加以分析,关于服务态度方面的,及时向部门主管反映并立即进行整改;关于产品使用方面的,整理出有效建议进行"产品创新进一言"的投稿;关于客户使用产品感受方面的,则可以在"客户体验区"进行发表,有则改之,无则加勉。一切的一切可以从已有的信息当中寻找出新意,寻找出新的启发,寻找出新的体会,最终再返回服务于客户。

第五个层次也是最高一个要求,就是我们综合以上之要素,积蓄正能量,懂得感恩生活。金融产品要不断创新、创意;服务经验、事例可以通过网讯、内部刊物等方式加以概括提炼,让更多的同事能够加以学习和传看,总之在把服务、经验概括成道理、概括成说法,把自己的工作积极性调动起来的同时,影响和渲染身边和你一起工作的同事们,一起来为我们过去、现在、将来所能拥有的宝贵客户们努力工作吧!

任务三 令人不悦的接待方式

案例引入

一个客户到某银行的一个营业网点,要求换一张崭新的100美元钞票,说是要为他的公司作奖品用。当时该网点恰好找不到新钞票。于是,银行的一位服务人员说:"对不起,我们银行没有。"但客人要求柜台人员能否与其他网点联系看看。这位服务人员回答:"不好意思,现在我们都很忙,没有时间打电话。请您去其他网点试试吧。"客人不悦。

客人随后去了另一家网点,而那里的服务人员整整花了15分钟的时间与其他网点联系,终于从别的地方调来一张新钞票。同时这位服务人员还特意十分郑重地把这张钞票放进一只盒子里并附上名片,上面写着:"谢谢您想到我们银行。"这位本是扫兴而来的客户,回来开了个账户,并存上了25万美元。

从此案例中我们可以看出,客户要求换钞,如果第一家的服务人员也能够千方百计为这位客户联系到新钞的话,会让客户很感动。其实,客户服务无小事,每件事都需要全力以赴。

礼仪解读

一、客户不喜欢的服务态度
■ 假装没有看见客户接近
顾客:请问一下,今天的牌价是多少?
服务员:斜眼望着顾客,一言不发。
顾客:小姐,你就不能回答我一句吗?
■ 一副爱理不理的面孔,顾客进门没有人打招呼,没有人欢迎
■ 以貌取人,看到顾客的穿着很普通,就认定他没钱、没地位
■ 言谈粗俗无礼

服务员：又来一个，你去吧，我正忙着呢，我不去！
- 语调高昂，缺乏耐性

顾客：对不起小姐，我写错了，能不能再给我一张单子？
服务员：自己拿，我给了你几次，你还写错，你到底会不会写字？
- 工作效率低下，会令顾客对你的服务乃至你所在的银行产生怀疑
- 无精打采的情绪，会影响顾客以及其他同事的情绪
- 问话不搭理，会令顾客觉得你是一个做事随便、非常不专业的服务人员，也会对你所在的银行产生恶劣的印象
- 与同事高声喧哗
- 边与同事聊天边应答客户问题

将上面的十种恶劣态度归类，可以得到以下三种类型：

1. 第一类——漠视顾客型

漠视顾客型的服务态度主要包括：假装没有看见客户接近、一副爱理不理的面孔、问话不搭理、与同事高声喧哗以及边与同事聊天边应答客户问题。

假装没有看见客户接近是目前最常见的一种令人反感的服务态度。当顾客问及一些银行已经进行公告的问题时，服务人员就会漠然不理，令客户不知所措。其他几种不良服务态度的本质与这种相同，持有这种态度的服务人员的眼中没有顾客，只有自己。

面对这种漠视，顾客一般会非常失望，十之八九都不会再走进这家银行。所以，银行的管理人员要在新员工培训中特别强调这个问题，以杜绝此种现象的发生。为了提高员工服务的主动性，管理者还可以要求：只要顾客一踏进银行，凡是空闲柜台的服务员都要主动起立邀请顾客。

2. 第二类——专业素质缺乏型

专业素质缺乏型的服务态度主要表现为以貌取人、言谈粗俗无礼和工作效率低下。要想成为一名优秀的银行服务人员，必须具备专业的服务素质，要在平时多学习、多实践。否则，就很容易发生以貌取人、言谈粗俗乃至工作效率低下的问题。

这类态度容易使顾客对银行本身的素质产生怀疑，会对银行的形象有所破坏，所以，银行管理人员一定要督促员工从自身做起，提高个人的专业素质。

3. 第三类——自我调节能力低下型

自我调节能力低下主要反映为语调高昂、缺乏耐性以及无精打采。有些服务人员总是把自己的个人情绪带到工作中去，把不满发泄在顾客和同事身上。

对于同一个问题顾客多询问几次，这样的服务人员马上就会把声音提高八度，而且还会对顾客表现出强烈的不耐烦甚至恶语相向；当自己因为私事而心情不好的时候，这种工作人员就会在工作时表现的无精打采。

银行的服务人员要学会调节自己的情绪，将私事和公事分开，静下心来为顾客服务。

二、银行人员电话应对礼节

1. 先报上单位名称

当电话响起的时候，银行服务人员应该马上接听电话。接起电话后，你要说出的第一句话应该是"某某银行，您好！"而不应该说"喂喂，你好！"

现在的社会竞争激烈,每个公司为了生存都在分秒必争,所以,为了掌控好每一分、每一秒,接电话的时候,应该马上报出自己所在银行的名称。

2. 应答话语清晰明了

服务人员在应答电话时要使用清晰明了的应答语,早上说声:"您早",下午说声:"您好",不要忘了说:"有什么需要我服务的吗?"

当顾客在电话中的声音比较小时,你可以对他说:"对不起,您的声音比较小,请您能不能大点声或换一个电话,我怕我会听错了。"

3. 使用服务用语

在打电话时使用"您好""谢谢""对不起""麻烦您"这些服务用语,可以拉近你与顾客之间的距离,从而使顾客觉得你的服务既热情又专业。

4. 注意声音表情

不要小看电话这个沟通渠道,电话可以帮助银行提升营业额,同样,也有可能会使客户暴跳如雷。所以,服务人员要学会合理利用自己的声音表情,如果你的声音表情能吸引顾客主动来银行进行交易,那就说明你比较善于利用声音表情进行工作。

良好的声音表情要求服务人员在接电话的时候要口齿清晰,采用合适的音质音量,声音既不能太高、太快,也不能太低、太慢。最好不要使用过于职业化的语言,而要使自己的语言亲切、自然和得体。

5. 专业的回答技巧

回答客户问题时要既专业又富有技巧,这样不仅能在一定程度上解决问题,而且还可以为自己的银行做广告。如果顾客在电话里对银行的某项业务表示质疑,你就要有技巧地把自己所在银行的优点宣传出去,让顾客了解。

比如,某顾客说:"听说你们银行最近那个产品好像没什么保障,真的吗?""是吗,好多客人都购买了这个产品,我还不知道产品有这样的缺点,谢谢您告诉我这一点,我们会把您的建议提供给主管进行参考。不过有很多客人都在使用这个产品,而且都说对他们很有帮助,您也可以亲自来看看,这样就会知道是不是像外面传言的那样了。"这样的回答就非常有技巧性。

如果你说:"谁讲的?是谁告诉你的?我们银行哪有这样的产品?我们银行最有信用。"不但无法说清问题,还会带来不好的影响。

6. 银行方位指引

如果顾客打电话询问银行的所在地,就表示这个客户将要到银行办理业务了。这个时候,服务员一定要想尽办法,使其能尽快抵达你所在的银行。

为顾客指引方位首先要确认客户目前的方位,当客户是自己开车前往时,你应告诉顾客沿途会经过的显著目标,如医院、学校、百货公司、超市或者加油站等。指引方向时,要以右边的方位为主,最好指引可以直向通行的道路,使其避免走单行道,这样可以增加顾客的安全感。如果客户准备搭车而来,你要清楚地指出应该搭乘几路车、在哪里坐车。

女服务人员一般比较没有方位感,如果你实在无法提供给顾客准确的建议,可以这样说:"如果您真的没有把握,麻烦您稍等一下,因为我对于这个地段也不是很熟,我请我们另外一位同事来协助您好吗?"

思考与训练

请先判断对错,然后回答问题。

某银行热线响起,银行员甲接起电话,对方询问:"我想去贵行,请问贵行具体的位置在哪里?"银行员甲马上答道:"请您稍等一下,我帮您查询一下。"

请判断银行员甲这样回答顾客的问题是否妥当?如有不当之处,请说出应该如何应答?

_____
_____
_____

 礼仪拓展

银行服务语言规范

一、公共场合中的文明用语

1. 请! 2. 您好! 3. 欢迎(您)光临! 4. 请稍等! 5. 对不起! 6. 请提意见! 7. 谢谢! 8. 欢迎再来! 9. 再见! 10. 见面称呼时,姓名加同志或职务加同志,或同志。也可按照性别称先生或女士。

二、礼仪服务用语

1. 请问您办理什么业务?
2. 请出示您的证件和单位账号。
3. 请您审查汇票内容。
4. 请您将印鉴盖清晰。
5. 请收好您的印章(凭证、回单、对账单、账簿、支票、密码清单等)。
6. 请您签收退票。
7. 请您单位及时与银行对账。
8. 请您妥善保管营业执照和开户申请书。
9. 请您到人民银行办理账户审批手续。
10. 您单位的汇款未到,请留下地址和电话号码。
11. 请您及时到银行取回托收或委托承付通知。
12. 请您单位及时将托收或委收五联及附件交送银行办理退、托。
13. 请您出示拒付的有关证明及资料,谢谢合作。
14. 您单位出具的拒付理由不恰当,银行无法受理,请谅解。
15. 对不起,现在机器线路发生故障,请稍等。您填写的凭证项内容有误,请重新填写。
16. 请您多提宝贵意见。

任务四 走动管理服务礼仪

案例引入

一位客户气冲冲地走进营业大厅,第一句话就说要销卡。大堂经理汤祥云上前了解到客户的情况,耐心听客户讲了半个多小时,边听边做记录。原来这位信用卡用户在刷卡的时候,第一次刷卡没有出单子就以为交易没有成功,没有查询然后又刷了一笔,结果发现两笔交易都成功了,要求信用卡中心为其调账,可是信用卡中心的同事没有及时为客户处理,导致客户非常生气。了解到这个情况之后,汤祥云多次与信用卡中心联系此事并且告诉客户事情的处理进度,最终为客户取得了满意的结果。客户后来多次来银行感谢汤祥云,说:"'承诺与中,至任于信'不愧是中信银行的服务宗旨,在你身上得到了很好的体现。"一花独放不是春,万紫千红春满园。汤祥云经常将自己的服务经验和技巧与大家分享,将服务的热情播种到同事的心中,在全行掀起一股比效率、比服务的热潮,打造出一个健康向上、充满朝气的服务团队。

【分析提示】

大堂经理应该每天都坚持用最佳的精神状态、最真诚的微笑、最温暖的问候、最高效的服务来迎接每一位走进银行的客户,以真诚的服务换取他们真心的赞誉,以热情的服务化解他们心头的疑虑,以细致的服务昭示银行的品牌形象。

礼仪解读

一、大厅服务礼仪

1. 主动招呼,热情接待

当客户步入银行时,往往不能立刻判断出该到哪个柜台去办理业务。在他进行判断的时候,银行的走动服务人员应该适时地给予协助。在提供服务时,服务人员态度要热情而诚恳,使用礼貌用语问清问题,然后将客户引领到相应的柜台去。走动服务人员除了做好柜台内的工作之外,也要走到柜台外面去,因为向客户打招呼和接待客户也属于你的工作范畴。

2. 帮助客户解决问题

当客户有疑虑的时候,服务人员要主动为其排忧解难。在银行或者是证券业的大厅里会有许多表单,这些表单消耗得很快,稍不留意就会被用完。客户办理业务时遇到这种情况,会给客户带来不便,也会增加工作人员作业上的麻烦。所以,走动人员应及时进行表单的增补,遇到客户有任何不清楚的地方,服务人员应向客户进行细致的讲解,直到为客户解释清楚为止。

3. 随时做好走动服务

走动人员要随时做好走动服务,还需要提供一些软性服务。所谓软性服务是指当客户进门时,服务人员应为其拉开门,并做"请"的动作,然后移交给内部人员继续做引导。当客户因等待而不耐烦的时候,走动人员要上前表示关怀,比如可以送上一杯茶水,不要小看这一杯小小的茶水,它可以换回很好的服务功效。冬天送上一杯热茶,会令客户的心里非常温暖;夏天送上一杯凉开水,会为客户带去丝丝凉意。

4. 注意客户的需求

所有的走动服务人员都应具备这样的服务态度——随时注意客户的需求。有的客户在填写单据的时候总是出现错误,使很多单据都作废了,这时走动服务人员应该立刻告诉客户该如何填写。

5. 架起柜台人员与顾客之间的桥梁

通过走动服务人员的服务,还可以有效地架起柜台人员与顾客之间的桥梁。很多银行都会出现这样的问题:顾客排队等待服务,某一队列的人特别多,而另一列的人则很少甚至没有。这个时候,走动服务人员就要上前去疏导顾客,让更多的柜台服务人员为顾客提供服务。

6. 平衡各柜台的作业量

银行会设置办理不同业务的柜台,有的柜台办理的是"外汇"业务,有的是"交手机费、电话费"等等。当顾客特别多的时候,走动人员可以让那些空闲的柜台通过网络办理最需要办理的业务,这样就可以使各柜台的工作量得到合理的调节。

7. 注意营业厅内可疑的人或事,协助维护安全

走动服务人员除了要关照普通顾客外,还要特别注意一些可疑人物,即那些图谋不轨的人,尤其是一些小银行,非常容易成为这类人的目标。在银行人力、警力不足的情况下,需要走动服务人员发挥积极的作用。

走动服务人员平时要多多观察,看见那些行踪可疑、鬼鬼祟祟望着银行安全情报系统,或者看着柜台内部的人,要马上上前询问:"先生,请问您有什么需要服务的吗?我看您可能不知道该去哪个柜台,是否需要我给您介绍一下?"这样简单的问话往往可以起到很好的震慑作用,在一定程度上可以避免灾难的发生。

8. 扶助老弱、行动不便的顾客

扶助老弱以及行动不便的顾客是走动服务人员的又一项职责。对于这类需要特别帮助和照顾的顾客,走动人员最好能马上为其开辟一条"绿色通道",让其尽快办理业务。走动人员可以向其他顾客进行解释,相信绝大多数顾客是能够体谅并且积极配合的。

9. 撰写大厅服务日志

撰写大厅服务日志应成为走动服务人员的一项随堂作业。走动服务人员除了要做好必要的协助工作外,还要认真观察并记录每个柜台服务员的工作情况以及顾客的反映。具体需要记录的内容有:大厅当天的主要情况,发生了什么问题,哪些工作是需要修正的,哪些物品是需要补充的。以上内容要据实逐条记录,这些记录可以作为银行改进工作的有效依据。

10. 注意窗体的补充

将放错位置的表单归位、更换标识不明的牌子也是走动服务人员的工作内容。走动人员还要在顾客的银行卡被取款机吞掉或者银行卡遗失的情况下,以最快的速度为顾客解决问题,使顾客的损失降到最低。这些都属于窗体补充的内容,走动服务人员做好这类工作,可以为银行赢得许多忠实顾客。

11. 大厅环境的维护

银行大厅是一个公众场所,每天人来人往,银行应该格外重视大厅的整体形象。所以,走动服务人员还要注意时时维护大厅的环境,看到不整洁、不干净的地方,应该及时提醒卫生服务人员进行清扫。保持一个优美、整洁的环境,才能吸引更多的顾客。

12. 安抚客户的情绪

当客户情绪不好、又在焦急等待的时候,走动服务人员要用温馨的语言或恰当的行动去安抚顾客的情绪,让他能够心平气和。走动服务人员只有发自内心的去关心和爱护顾客,才能在顾客遇到烦恼的时候主动地帮助他。

13. 走动管理服务策略

走动管理服务策略主要包含四点:身先士卒由上而下、你在客户左右、立即处理和服务八大目标。"身先士卒由上而下"是其他三项的基础,只有做到这一点,才能在整个银行内部形成一种良好的服务氛围;其他三项都强调了全心全意为客户服务这个中心思想,以客户为中心也就是"你在客户左右";当客户遇到问题时一定要急客户之所急,立即帮助客户处理问题。服务八大目标,即微笑、亲切、主动、热忱、礼貌、关怀、效率、服务和标准化。银行提供的任何服务都要和工厂的生产线一样,一定要标准化,这样才能便于从业人员遵循。如果对于不同的客户采取不同的服务方式,那会给客户带来困惑。

二、证券业服务礼仪

1. 菜篮族服务

所谓菜篮族就是指那些每天在去菜市场买菜前先到证券公司报到的家庭主妇。证券服务人员应特别体恤这些菜篮族成员,因为她们都是用买菜剩下的那一点点钱来试试自己的手气,她们的一个基本想法就是能够保住本钱。

当这些人向你征询建议的时候,你应该拿出十二分的耐性,把其中的利害关系坦白地说出来,千万不要避重就轻。你可以建议他们:"您可以先从绩优股开始,这样不会影响到您的经济结构,等到您熟悉股票运作以后再投资别的股票,这样会比较稳妥一点。"

2. 交割礼仪

当你的客户在需要交割的时候没有出现,你就应该打电话进行询问和催促。打电话的时候应注意礼仪,口气不要太强硬,因为这样的客户很可能是由于公司营运上出现了一定的问题,造成了短期的资金调度不畅,所以才发生违约交割的情况。打电话时,你可以这么说:"对不起,林董,今天您必须来我们这儿补一笔钱,时间就要到了,还没看到您。您是不是有什么困难,您要不要赶快想个办法,要不然这对你们公司的信誉会造成不好的影响。"

3. 了解投资人的情绪张力

证券投资具有很大的风险性,每位投资者的抗压能力强弱有所不同。所以,证券服务人员要了解投资者的情绪张力,根据他们对压力的实际承受能力来为其服务。当你遇到一个抗压力较差的投资者时,如果他所投资的股票情况很差,你就要先说些安抚性的话语,千万不要一下说到问题的关键点。你可以这样安抚他:"您看今天涨跌幅度那么大,可能对您有点影响。不过没关系,我想这也是一种经验嘛,慢慢来,或许明天又会回涨了,您不要紧张。"

4. 金钱收受

证券往来一定会有金钱的收受,当你在收受顾客金钱时,一定要当着顾客的面收点清楚,还应一边收一边说:"您好,现在收您……钱,您看好了。"这样可以避免你与顾客因收取钱数的不同说法而产生争执。正因为金钱在人的生活中非常重要,所以凡是涉及钱的问题,服务人员都要格外谨慎小心。

5. 印章凭证保管

为了维护证券业的形象和口碑,证券服务人员还要做好的一项工作是保管好顾客的印章凭证。客户把自己的印章凭证交给你,是对你以及你所在公司的信任,你应把顾客的这些重要物品当作自己的物品一样用心保管,绝对不能丢失。你可以为每个顾客准备一个专门的文件夹,并将这些文件夹放在非常安全的地方。为了分清这些资料的存放位置,你还要另外建立一个清晰的说明性档案。当顾客领走这些物品的时候,一定要让其签字留作凭证,这样可以避免以后发生纠纷。

思考与训练

如果您是银行大厅的一位走动服务人员,除了下面列出的服务内容之外,请根据工作实际,再写出至少三项服务内容,并举出相应例子。

A. 随时注意客户的需求。

例:某客户在填写存款表单时总是出错,大厅的一位服务人员主动上前告诉他应该怎样填写。

B. 撰写大厅的服务日志。

例:记录大厅今天的主要情况以及发生了什么问题。

C. 扶助老弱以及行动不便的客人。

例:马上为其开辟一条"绿色通道",让其尽快办理业务。

D. _____

_____

E. _____

_____

F. _____

_____

礼仪拓展

如何提升银行大堂经理服务礼仪水平

大堂经理是零售银行的先锋部队,也是银行客户首先接触的员工,所以大堂经理应在仪容及礼貌方面不断的检点及警惕,因为员工的一举一动代表了银行的形象及声誉。由于大堂经理常处备受注目的环境之中,客户往往可以从大堂经理的操作情况看出银行的服务和管理水平。所以大堂经理要做到以下三点。

1. 银行大堂经理服务意识要提升。客户进入银行大厅,大堂经理应关注和理解以下服务需求:① 受欢迎的需求;② 及时服务的需求;③ 感觉舒适的需求;④ 有序服务的需求;⑤ 被理解的需求;⑥ 被帮助的需求;⑦ 受重视的需求;⑧ 有被识别和记住的需求;⑨ 有受尊重的需求;⑩ 被信任的需求;⑪ 安全和隐私的需求;⑫ 被称赞的需求。

2. 银行大堂经理沟通技巧要提升。人生即为推销,推销即为沟通。研究表明,工作中70%的错误是由于不善于沟通,或者说是不善于谈话造成的。而大堂经理每天要将70%~80%的时间花费在听、说、问和看的沟通上。

3. 银行大堂经理服务技能要提升。"一面对":即柜员办理业务时与客户面对面,改变过去传统的侧面服务模式。"五站立":即开门迎接第一批客户时站立、面对客户时站立、向客户表示歉意和感谢时站立、向客户解答疑问时站立、客户提出意见和建议时站立。"一面对""五站立"服务方式的推出可以使服务由原来的方便、快捷升华到"以人为本"的层次,进而拉近员工与客户的距离,体现出对客户的尊重。

项目四　商务礼仪

项目目标：商务人员掌握一定的商务礼仪有助于提高自身的职业素养，塑造专业形象，使交往对象对其产生规范、严谨、专业、训练有素的良好印象。通过学习，希望学生能够掌握基本的商务接待与拜访、商务谈判、商务仪式和会议等礼仪。

任务一　商务接待与拜访礼仪

案例引入

泰国某政府机构为泰国一项庞大的建筑工程向美国工程公司招标，经筛选后，最后剩下4家候选公司。泰国派代表团到美国亲自去各家公司商谈。代表团抵达芝加哥时，负责接待的工程公司由于忙中出错，没有仔细复核飞机到达的时间，因而未去机场迎接泰国客人。尽管泰国代表团初来乍到，不熟悉芝加哥，但还是找到了芝加哥商业中心的一家旅馆。他们打电话给那位局促不安的美国经理，在听了他的道歉后，泰国代表团同意在第二天11时在经理办公室会面。第二天美国经理按时到达办公室等候，然而直到下午三四点才接到客人的电话："我们一直在旅馆等候，始终没有人前来接我们。我们对这样的接待实在不习惯。我们已经订了下午的机票将飞赴下一目的地。再见吧！"

【分析提示】

接待与拜访是商务活动中最常见的礼仪活动，它是与各种具体的商务活动结合在一起进行的，例如谈判之前、推销过程、参观等都伴随着接待与拜访活动，他是表达主人情谊、体现礼貌素养的重要方面。尤其是迎接，是给客人以良好第一印象的最重要的工作。令人满意的、健康的接待礼仪，对于建立联系、发展友情、促进合作有着重要的意义。

礼仪解读

一、商务接待礼仪

迎来送往是表达主人情谊、礼貌素养的重要体现。对前来访问、洽谈业务、参加会议的外国、外地客人，应首先了解对方到达的车次、航班，再安排与客人身份、职务相当的人前去迎接。若因某种原因，相应身份的主管不能前往，前去迎接的主管应向客人做出礼貌的解释。

1. 迎接礼仪

（1）商务接待人员应品貌端正、举止大方、口齿清楚，具有一定文化素养。服饰整洁、得体、端庄、高雅。根据来访者的身份、地位，确定相应的接待规格和程序。

（2）接待客人后，应首先问候"一路辛苦了""欢迎您到我们这个美丽的城市""欢迎您来到我们公司"等。然后向对方做自我介绍，递上名片，同时注意送名片的礼仪。

（3）迎接客人时应提前为客人准备好交通工具，不要等到客人到了才匆匆忙忙准备交通工具，那样会因让客人久等而误事。

（4）主人应提前为客人准备好住宿，帮客人办理好一切手续并将客人领进房间，同时向客人介绍住处的服务、设施，将活动的计划、日程安排交给客人，并把准备好的地图或旅游图、名胜古迹等介绍材料送给客人。

迎宾手势

（5）将客人送到住地后，主人不要立即离去，应陪客人稍作停留，热情交谈，谈话内容要让客人感到满意，比如客人参与活动的背景材料，当地风土人情、有特点的自然景观、特产、物价等。考虑到客人一路旅途劳累，主人不宜久留，应让客人早些休息。分别时将下次联系的时间、地点、方式等告诉客人。

2. 招待礼仪

（1）客户来访时，主人应微笑着问候客人，并与之握手，招待客人入座或与客人一起入座。

（2）诚心诚意地奉茶。服务接待人员在给客人上茶时，态度要端正，不能因为上茶只是小事而漫不经心，要知道在任何情况下，礼仪都是大事。上茶时茶水不能装得太满，以八分满为宜；水温不宜太烫，以免客人不小心被烫伤。

（3）客人要找的负责人不在时，要明确告诉对方负责人到何处去了，以及何时回本单位，请客人留下电话、地址，明确是由客人再次来单位，还是我方负责人到对方单位去。

（4）客人到来时，我方负责人由于种种原因不能马上接见，要向客人说明等待的理由与时间。若客人愿意等待，应该向客人提供饮料、杂志；等待时间较长时，要为客人添换饮料。

浩聪是上海一家大商场的业务经理。一天上海的一家电器公司提出想和商场合作，以便打开公司电器产品的销路，商场就派浩聪去电器公司洽谈合作事宜。

浩聪到了电器公司之后，被接待人员引进了经理办公室。浩聪随手将事先准备好的文件放在桌子上后，便与经理攀谈起来。这时，公司的接待小姐进来给他们上茶。只见她将茶送到浩聪面前，动作粗鲁地"咚"的一声将茶放在浩聪面前的桌子上，浩聪放在桌子上的文件被溅上了许多水珠，她却若无其事，一声不响地就走出去了，好像什么事也没发生一样。浩聪极为震怒，而那个经理目睹了整个过程，居然也没有向浩聪道歉。浩聪强压住心头的怒火，又与经理继续攀谈。虽然他尽量装作若无其事，但是刚才的事情已经在他心中留下阴影。最终，双方的业务洽谈不欢而散。公司经理因为双方不能达成合作事宜而深为遗憾，但浩聪却因此而感到庆幸。试想：一个对待自己的未来合作伙伴都如此莽撞的公司，又怎会和气地对待自己的客户呢？同它合作不是自寻死路吗？

3. 乘车礼仪

迎接客人要提前准备好交通工具。客人所带箱包、行李，要主动代拎，但不要代背女客人的随身小包。在安排乘车时，根据交通工具的不同，应注意不同的接待礼仪。

（1）小轿车的座位。如有司机驾驶时，以后排右侧为首位，左侧次之，中间座位再次之，前座右侧再次之，前排中间为末席；如果由主人亲自驾驶，以驾驶座右侧为首位，后排右侧次之，左侧再次之，后排中间座位为末席，前排中间座位不宜再安排客人。主人亲自驾车，客人只有一人时应坐在主人旁边；若同坐多人，中途坐前座的客人下车后，在后座的客人应该换坐前座，此项礼节最易疏忽。

（2）吉普车的座位。以前排右侧为尊，后排右侧次之，后排左侧再次之。上车时，后排位低者先上，前排尊者后上。

（3）旅行车的座位。在接待团体客人时，多采用旅行车接送客人。旅行车以司机座后第一排即前排为尊，后排依次为小。其座位的尊卑，依每排右侧往左侧递减。

女士乘坐小轿车在登车时，不要一只脚先踏入车内，也不要爬进车里。须先站在座位边上，把身体降低，让臀部坐到位子上，再将双腿一起收进车里，双膝一定要保持并拢的姿势。

4. 引陪礼仪

在接待客人的过程中，应有正确的引导方法和引导姿势。

（1）在走廊的引导方法。接待人员在客人二三步之前，配合步调，让客人走在内侧。

（2）在楼梯的引导方法。当引导客人上楼时，应该让客人走在前面，接待人员走在后面；下楼时，应该由接待人员走在前面，客人走在后面。上下楼梯时，接待人员应该注意客人的安全。

（3）在电梯的引导方法。引导客人乘坐电梯时，接待人员先进入电梯，一手按"开门"按钮，另一手按住电梯一侧门，礼貌地说"请进"。等客人进入后关闭电梯门。到达时，接待人员一手按"开门"按钮，另一手做出"请"的动作，让客人先走出电梯，可以说："到了，您先请！"

（4）客厅里的引导方法。当客人走入客厅，接待人员用手指示，请客人坐下，看到客人坐下后，才能行点头礼离开。如客人错坐下座，应请客人改坐上座（一般靠近门的一方为下座）。

二、商务拜访礼仪

商务拜访是指亲自或派人到商务往来的客户单位或相应的场所去拜见、访问某人或某单位的活动。商务活动是一种双边或多边的交往过程,商务拜访是一种必不可少的交往活动,可以促进彼此的了解,有利于扩大合作。良好的拜访礼仪有助于实现拜访目的。

(一) 拜访前的准备

有句古话说得好:不打无把握之仗。商务拜访前同样需要做好准备。

1. 预约不能少

拜访之前必须提前预约,这是最基本的礼仪。一般情况下,应提前三天给被访者打电话,简单说明拜访的原因和目的,确定拜访时间,经对方同意以后才能前往。

2. 明确目的

拜访必须明确目的,出发前对此次拜访要解决的问题应做到心中有数。例如,你需要对方为你解决什么,你给对方提出什么要求,最终你要得到什么样的结果等,这些问题的相关资料都要准备好,以防万一。

3. 礼物不可少

无论是初次拜访还是再次拜访,礼物都不能少。礼物可以联络双方感情,缓和紧张气氛,所以在礼物的选择上要下一番功夫。既然要送礼,就要送到对方的心坎里,了解对方的兴趣、爱好及品位,有针对性地选择礼物,尽量让对方满意。

4. 自身仪表不可忽视

肮脏、邋遢、不得体的仪表,是对被访者的轻视。被访者会认为你不把他放在眼里,对拜访效果有直接影响。一般情况下,登门拜访时,女士应着深色套裙、中跟浅口深色皮鞋配肉色丝袜;男士最好选择深色西装配素雅的领带,外加黑色皮鞋、深色袜子。

(二) 拜访过程中的礼仪

1. 具备较强的时间观念

拜访他人可早到却不能迟到,这是一般的常识,也是拜访活动中最基本的礼仪之一。早到可以借富裕的时间整理拜访时需要用到的资料,并正点出现在约定的地点。而迟到则是失礼的表现,不但是对被拜访者的不敬,也是对工作不负责的表现,被拜访者会对你产生看法。

值得注意的是:如果因故不能如期赴约,必须提前通知对方,以便被访者重新安排工作。通知时一定要说明失约的原因,态度诚恳地请对方原谅,必要时还需约定好下次拜访的日期、时间。

2. 先通报后进入

到达约会地点后,如果没有直接见到被拜访对象,拜访者不得擅自闯入,必须经过通报后再进入。一般情况下,前往大型企业拜访,首先要向前台接待人员交代自己的基本情况,待对方安排好以后,再与被拜访者见面。当然,生活中不免存在这样的情况,被拜访者身处某宾馆,如果拜访者已经抵达宾馆,切勿鲁莽直奔被拜访者所在房间,而应由宾馆前台接待打电话通知被拜访者,经同意以后再进入。

3. 举止大方、温文尔雅

见面后,打招呼是必不可少的。如果双方是初次见面,拜访者必须主动向对方致意,简单地做自我介绍,然后热情大方地与被拜访者行握手礼。如果双方已经不是初次见面了,主动问好致意也是必要的,这样可显示出你的诚意。

行握手礼时,如果对方是长者、高管或女性,自己绝对不能先将手伸出去,这样有抬高自己之嫌,同样可视为对他人不敬。

见面礼行过以后,在主人的引导下进入指定房间,待主人落座后,自己再坐在指定的座位上。

谈话切忌啰唆,简单的寒暄是必要的,但时间不宜过长。因为被拜访者可能有很多重要的工作等待处理,没有很多时间接见来访者。谈话要开门见山,简单的寒暄后直接进入正题。

当对方发表自己的意见时,打断对方讲话是不礼貌的行为。应仔细倾听,将不清楚的问题记录下来,待对方讲完以后再请求就不清楚的问题给予解释。如果双方意见产生分歧,一定不能急躁,要时刻保持沉着冷静,避免破坏拜访气氛,影响拜访效果。

4. 把握拜访时间

在商务拜访过程中,时间为第一要素,拜访时间不宜拖得太长,否则会影响对方其他工作安排。如果双方在拜访前已经设定了拜访时间,则必须把握好规定的时间,如果没有对时间长短做具体要求,那么就要在最短的时间里讲清所有问题,然后起身离开,以免耽误被拜访者处理其他事务。

商务拜访是当今最流行的一种办公形式,也是对礼仪要求最多的活动之一。掌握好上述礼仪要领,将有助于商务工作的顺利进行。

肖童是一家公司的部门经理,他们公司正在和日升公司洽谈合作事宜,公司委派肖童全权负责此事。

一天,肖童要去日升公司亲自登门拜访,与他们的负责人商谈一下合作事宜。于是,肖童就打电话与日升公司的负责人张总约定了时间,说好下午三点前去拜访。

下午二点左右,肖童就处理完了手头上的事情。眼见无事可做,为了避免浪费时间,肖童提前出发到了日升公司。张总见到肖童颇感诧异,因为离他们约定的时间还早,他根本没料到肖童会提前到来。由于张总手上还有很多事要处理,所以他就派秘书带肖童去会客室休息一下。

肖童在会客室颇感无聊,就擅自走出会客室,在日升公司内部到处走动。肖童所在的公司与日升公司说起来也算是竞争对手,他这样在日升公司内部随便走动,不免让人起了防备之心。秘书发现后,很有礼貌地请肖童返回会客室。

张总一处理完事情就到会客室见肖童。两人商谈完合作事宜后,肖童管不住话匣子,又信口扯起了别的。张总刚开始还挺有耐心地听着,后来发现肖童丝毫没有住口的迹象,就委婉地说:"对不起,我还有一个会议需要准时参加,今天先谈到这儿,有空我们再约时间,好吗?"肖童很不情愿地起身与张总告别。

送走肖童后,张总长出了一口气,喃喃自语道:"看来商务人员一定要懂得基本的拜访礼仪才行啊!"

三、商务馈赠礼仪

互送礼品是一种礼仪的体现,也是感情传递的一种方式,能使双方之间架起一个互通的桥梁。但是,送礼时的热情要适度,有时过分热情反倒适得其反。在送礼时要注意三个问题:防止过多;防止过于贵重,使别人不敢接受;防止体积过大,宜方便携带。一般而言,赠送礼品的礼仪主要包含礼品的挑选、馈赠的方法、礼品的接受这三个方面的内容。

1. 礼品的挑选

在礼品的挑选上,要对送礼对象的爱好、兴趣做些简单的调查,因人而异,投其所好。此外,还要注意对方的风俗习惯、宗教信仰,了解一下对方基本的忌讳。如信奉伊斯兰教的国家不要送酒、猪皮产品。送花时,西方国家比较忌讳双数,喜欢单数,一般不送单一的花种,颜色搭配丰富,看起来更漂亮。各国对颜色各有忌讳,一般认为白色是纯洁的象征,黑色是肃穆的象征,黄色是和谐的象征,而红色和蓝色是吉祥如意的象征。很多国家以黑色为葬礼的颜色,灵车用黑色。比利时人忌蓝色。巴西人以棕黄色为凶丧之色,认为人死好比黄叶从树上落下来。在馈赠行为当中,主角当然非礼品莫属。挑选赠送外国友人的礼品时,一般在指导思想上必须恪守四项准则:

(1)突出礼品的纪念性。在涉外交往中,送礼依然要讲究"礼轻情义重"。有时,"江南无所有,聊赠一枝梅",往往更受对方欢迎。因为在许多国家里,都不时兴赠送过于贵重的礼品。反之,则很可能会让受礼者产生受贿之感。

(2)体现礼品的民族性。有人曾说:"最有民族特色的东西,往往是最好的。"向外宾赠送礼品,其实也是一样。中国人司空见惯的风筝、二胡、笛子、剪纸、筷子、图章、书画、茶叶等,一旦到了外国人手里,往往会备受青睐,身价倍增。

(3)明确礼品的针对性。送礼的针对性,是指挑选礼品时应当因人、因事而异。因人而异,指的是选择礼品时,务必要充分了解受礼人的性格、爱好、修养与品位,尽量使礼品得到受礼人的欢迎;因事而异,指的是在不同的情况下,向受礼人所赠送的礼品应当有所不同。比方说,在国事访问中,宜向国宾赠送鲜花、艺术品;出席家宴时,宜向女主人赠送鲜花、土特产和工艺品,或是向主人的孩子赠送糖果、玩具;探望病人时,宜向对方赠送鲜花、水果、书刊、CD,等等。

(4)重视礼品的差异性。向外国人赠送礼品,绝对不能有悖对方的风俗习惯,因此务必要重视礼品的差异性问题。在挑选时,主动回避对方有可能存在的下述六个方面的禁忌:一是与礼品有关的禁忌;二是与礼品色彩有关的禁忌;三是与礼品图案有关的禁忌;四是与礼品形状有关的禁忌;五是与礼品数目有关的禁忌;六是与礼品包装有关的禁忌。这六个方面的禁忌,亦称"择礼六忌"。

2. 馈赠的方法

向外籍人士赠送礼品,不仅要重视具体品种的选择,而且一定要注意赠送礼品的方法。根据礼仪惯例,注意涉外交往中馈赠的方法,具体是指礼品的包装、送礼的时机和送礼的途径这三个方面,必须表现出中规中矩,不乱章法。

(1)重视礼品的包装。在国际交往中,礼品的包装是礼品的有机组成部分之一,它被视为礼品的外衣,送礼时不可或缺。否则,就会被视为随意应付受礼人,甚至还会导致礼品自身因此而"贬值"。有鉴于此,送给外国友人的礼品,一定要事先进行精心的包装,对包装时所用一切材料要尽量择优而用。与此同时,涉外礼品的外包装,在其色彩、图案、形状乃至缎带结法等方面,都要与尊重受礼人的风俗习惯联系在一起考虑。

(2)把握送礼的时机。在涉外交往中,由于宾主双方关系不同,具体所处的时间、地点以及送礼目的不同,送礼的具体时机自然也不能以不变应万变,千篇一律。依照国际惯例,把握送礼的最佳时机是非常重要的,并应对具体情况进行具体的分析。在会见或会谈时,如果准备向主人赠送礼品,一般选择在起身告辞之时。向交往对象道喜、道贺时,应当在双方见面之初相赠。出席宴会时向主人赠送礼品,可在起身辞行时进行,也可选择在餐后吃水果之时。观看文艺演出时,可酌情为主要演员预备一些礼品,在演出结束后登台祝贺时当面赠送。游览观光时,如果参观单位向自己赠送了礼品,最好在当时向对方适当地回赠一些礼品。为专门的接待人员、工作人员准备的礼品,一般在抵达当地后尽早赠送给对方。

(3)区分送礼的途径。送礼的途径,此处是指如何将礼品送交受礼人。在涉外交往中,送礼的途径主要被区分为两种:一种是当面亲自赠送,另一种是委托他人转送。这两种送礼的途径适用于不同的情况,且各自还有某些特殊的要求。一般情况下,送给外国友人的礼品可以由送礼人当面交给受礼人。向外国友人赠送贺礼、喜礼,或者向重要的外籍人士赠送礼品,亦可专程派遣礼宾人员前往转交,或者通过外交渠道转送。有需要时,礼品可以被提前送达受礼人的手中。通常,送给外国人礼品时,尤其是委托他人转送给外国人礼品时,应附上一张送礼人的名片,它既可以放在礼品盒之内,也可以放在一封写有受礼人姓名的信封里,然后再设法将这个信封固定在礼品的外包装之上。尽量不要采用邮寄的途径向外国人赠送礼品。

3. 礼品的接受

接受礼物时,西方国家的朋友喜欢当面打开,同时讲几句赞赏的话。在商务礼仪中,接受外国友人赠送的礼品,大致有三个方面的问题需要注意:

(1)欣然接受。当外国友人向自己赠送礼品时,应当大大方方、高高兴兴地接受下来。没有必要跟对方推来推去,过分地进行客套。在接受礼品时,应当起身站立,面含笑容,以双手接过礼品,然后与对方握手,并郑重其事地向对方道谢。在接受礼品时,面无任何表情,用左手去接礼品,接受礼品后不向送礼人致以谢意,都是非常失礼的表现。

(2)启封赞赏。在国际社会,特别是在许多西方国家中,受礼人在接受礼品时,通常习惯于当着送礼人的面立即拆启礼品的包装,然后认真地对礼品进行欣赏,再对礼品适当地赞赏几句。这种中国人以前难以接受的做法,现在已经逐渐演化为受礼人在接受礼品时必须讲究的一种礼节。在许多国家,接受礼品之后若不当场启封,或是暂且将礼品放在一旁,都会被视为失礼之至。在涉外交往中接受礼品时,对此务必要予以注意。

(3)事后再谢。接受外方人员赠送的礼品后,尤其是接受了对方所赠送的较为贵重的礼品后,最好在一周之内写信或打电话给送礼人,向对方正式致谢。若礼品是由他人代为转交的,则上述做法更是必不可缺。以后有机会再与送礼人相见时,不妨择机再次当面向对方表示一下自己的谢意,或者是告诉对方,他送给自己的礼品,自己不仅十分喜欢,而且经常使用。这种令对方感到他的礼品"物有所值"、备受重视的做法,会令对方极其开心。

礼仪拓展

国际商务赠礼规则

一、给英国人送礼

如果礼品价格很高,会被误认为是一种贿赂。送一些高级巧克力、一两瓶名酒或鲜花,就能得到受礼者的喜欢。但要注意,最好不要送印有公司标记的。

二、法国与艺术分不开

法国人崇尚艺术,因此,所送礼品最好带有一些艺术性,如有特色的仿古制品,他们就会很喜欢。如果应邀到法国人家中用餐,应带上几支不加捆扎的鲜花,但菊花必须除外。

三、德国不爱尖锐

德国人很注意礼品的包装,切勿用白色、黑色或棕色的包装纸或丝带包扎。另外,不要送尖锐的东西,因为德国人视其为不祥之兆。

四、日本忌讳4和9

给日本人赠送礼品,不要一次送4样或9样东西,因为"4"字在日文中与"死"谐音,而"9"则与"苦"字谐音。日本人喜欢名牌货,但对装饰着狐狸和獾的东西很反感。他们认为,狐狸是贪婪的象征,獾则代表狡诈。

五、俄罗斯只爱西方名牌

礼品只要送名牌,特别是西方名牌货,不论礼品价值的高低,都容易获得他们的好感。从一盒"万宝路"香烟到一条LEVIS牌牛仔裤都会使他们十分满意。

六、非洲国家注重实用

非洲国家对礼品的价值不大讲究,但重视礼品的实用性,不宜送高档礼品。

七、阿拉伯国家钟情繁复

精美华丽的礼品,比平淡简单的礼品更受欢迎;有"名"的东西,比无名的古董更受喜欢;智力玩具和工艺品,比单纯实用的东西更受偏爱。但各种酒类,包括那些描绘有动物图案的礼品不受欢迎。

思考与训练

1. 迎接客人时应如何进行问候?
2. 乘车时应注意哪些礼仪?
3. 如何做好电梯引导?
4. 怎样把握拜访时间?
5. 商务馈赠外国友人时,挑选礼品要恪守什么准则?
6. 怎样把握送礼时机?

任务二　商务谈判礼仪

案例引入

北京某公司和上海某公司是多年来的合作伙伴。目前,两公司在双方合作的一桩生意上产生了一些分歧,合作陷入了僵局。为了消除分歧、共同谋利,北京公司提议在上海举行一场谈判会。

上海公司得知此消息后是喜出望外。既然谈判是在上海进行,那么上海公司就理所当然地成了这次谈判的东道主。为了把此次谈判搞得有声有色以达到预期的谈判目的,上海公司做了大量的准备工作,并专门指派杜沛负责这次的谈判事宜。杜沛深知这次谈判事关重大,所以他一点也不敢马虎。他先是准备好了谈判时所需的各种资料,然后又去布置会场。随后,他了解到北京公司是一家日资企业,公司职员都效仿日本的交际礼仪行鞠躬礼而不是握手,他及时地把这一情况反映给了公司的高层领导,使公司掌握了对方的礼仪特点及风俗。除此之外,杜沛还抽时间查阅了有关谈判会上的礼仪知识方面的书籍。

谈判那天,北京公司的总经理等一行人步入上海公司精心布置的会场,双方开始就合作中所遇到的问题进行友好协商。上海公司以礼为先,一言一行都不失礼仪;北京公司礼敬对手,一举一动都不失风度。就在此愉快和谐的氛围中,双方不仅顺利地解决了合作中所存在的问题,而且还商定了下一年的合作方案。这次谈判可谓是非常的成功。

谈判结束后,上海公司的老总特意表扬了杜沛,他说:"这次谈判能成功还要归功于杜沛所做的礼仪方面的努力。"也正因为此次谈判的成功,引起了公司员工对商务礼仪的重视,有一位员工由衷地感慨:"我第一次发现原来以礼待人比咄咄逼人能带来更大的利润。"

【分析提示】

商务谈判是交易双方为了各自的目的就一项涉及双方利益的标的物进行洽商,最终解决争议、达成协议、签订合同的过程。促使商务谈判成功的因素有很多,但礼仪在谈判中的效应占有十分重要的位置。在谈判中以礼待人,不仅体现着自身的教养与素质,而且还会对谈判对手的思想、情感产生一定程度的影响。

 礼仪解读

一、商务谈判礼仪的原则

(一) 三A原则

三A原则的创立者,是美国学者布吉尼教授,所以也称布吉尼理论。三A原则,实际上是强调在商务交往中,处理人际关系最重要的核心问题。三A原则的出发点,是要告诉商务人员,在日常的商务交往中不能只见到物而忘记人,应强调人更加重要,这是三A原则的基本立足点。

1. 接受对方——Accept

在商务交往中,与人打交道时要宽以待人,不要对对方求全责备,刁难对方、难为对方、麻烦对方或打断对方,让对方在你面前感觉尴尬难堪。"客人永远是正确的。"有的问题只能说理解不同、表达不同,考虑的侧重点和出发点不同而已。交代时应该意识到,说和听是相互的、平等的,双方发言时都要掌握各自所占有的时间,不能出现一方独霸的局面。

2. 重视对方——Appreciate

在交谈活动中,只有重视、尊重对方才能赢得对方感情上的接近,从而获得对方的尊重

和信任。如何表示尊重对方,商务礼仪中有很多技巧可以借鉴:

(1)善于使用尊称。有行政职称的,称行政职称;有技术职称的,称技术职称;对不清楚对方职称的,暂时的、妥当的处理方式是就高不就低。还可以使用泛尊称,如小姐、先生和夫人等。

(2)记住对方。每个人都认为自己在这个世界上是独一无二的重要,人都需要被重视,被重视的一个捷径就是记住对方。不问对方名字则罢,问了之后一定要记住,而且要再三地引用,这是对对方重视的一种表达。如果记不住怎么办?点点头也可以,千万不可张冠李戴。

3. 赞美对方——Admire

在谈判过程中,当双方的观点出现类似或基本一致时,谈判者应当迅速抓住机会,用溢美的言辞,中肯地肯定这些共同点。赞同、肯定的语言在交谈中常常会产生异乎寻常的积极作用。当交谈一方适时中肯地确认另一方的观点之后,会使整个交谈气氛变得活跃、和谐起来,陌生的双方从众多差异中开始产生了一致感,进而十分微妙地将心理距离拉近。当对方赞同或肯定我方的意见和观点时,我方应以动作、语言进行反馈交流。这种有来有往的双向交流,易于双方谈判人员感情融洽,从而为达成一致奠定了良好的基础。

(二)人事分开原则

要正确地处理己方人员与谈判对手之间的关系,做到人与事分别而论,对事不对人。为了达成协议促成交易,双方可以据理力争,也可以直言反驳,但不能偏离轨道甚至发展成人身攻击或人格侮辱,不能谈判成功是朋友、谈判失败成敌手。

(三)求同存异原则

在磋商中,发言措辞应礼貌文明,准确慎重。同时,注意从对方的立场回顾己方的要求和条件,并做出适当幅度的让步,以求大同存小异。实在谈不下去或僵持不下时,要竭力克制,或暂时转移焦点,或适当借助点幽默来缓和气氛,再继续谈判。总之,在力求一致的基础上,在双方和谐友好的气氛中,磋商不一致的看法,共同解决问题。

(四)争取双赢原则

谈判往往是一种利益之争,因此谈判各方无不希望在谈判中最大限度地维护或者争取自身的利益。然而从本质上讲,真正成功的谈判,不应当以"你死我活"为目标,而应当以妥协即有关各方的相互让步为其结局,使有关各方互利互惠,互有所得,实现双赢。

二、商务谈判前的准备

1. 要注意谈判时间的选择

谈判时间要经双方商定而不能一方单独做主,否则是失礼的。要选择对己方最有利的时间进行谈判。避免在身心处于低潮时、在连续紧张工作后、在不利于自己的市场行情下进行谈判。

2. 要注意谈判地点的选择

谈判地点最好争取在自己熟悉的环境内。若争取不到,至少也应选择在双方都不熟悉的中性场所。如要进行多次谈判,地点应该依次互换,以示公平。

3. 要注意谈判人员的选择

一般来说,谈判队伍由主谈人、助手、专家和其他谈判人员组成。谈判人员与对方谈判代表的身份、职务要相当。谈判人员的素质修养和仪表形象始终是一种信息,会与谈判的实质内容一起传递给对方,并相互影响、相互感染。

4. 要注意搜集信息资料

凡是与商务谈判主题有关的情况,都要进行客观的调查研究,以便掌握大量的信息资料,在谈判中掌握主动权。信息资料的准备,主要包括评估对方实力,掌握主题行情;弄清对方的文化背景和社会习俗;掌握对方政法制度等。

5. 谈判座次排列礼仪

举行正式谈判时,有关各方在谈判现场具体就座的位次,是谈判的一项重要内容,具有严格的礼仪要求。

(1)双边谈判的座次排列,主要有两种形式。

一是横桌式,指谈判桌在谈判室内横放,客方人员面门而坐,主方人员背门而坐。除双方主谈者居中就座外,各方的其他人士则应依其具体身份的高低,各自先右后左、自高而低地分别在己方一侧就座。双方主谈者的右侧之位,在国内谈判中可坐副手,而在涉外谈判中应由译员就座。

二是竖桌式,指谈判桌在谈判室内竖放。具体排位时以进门时的方向为准,右侧由客方人士就座,左侧则由主方人士就座。

在其他方面,与横桌式排座相仿。

(2)多边谈判的座次排列,主要有两种形式。

一是自由式,即各方人士在谈判时自由就座,无须事先正式安排座次。

二是主席式,指在谈判室内面向正门设置一个主席之位,由各方代表发言时使用。其他各方人士,则一律背对正门、面对主席之位分别就座。各方代表发言后,亦须下台就座。

三、谈判过程中的礼仪

(一)谈判之初

"良好的开端是成功的一半",谈判双方接触的第一印象十分重要,双方的语言举止要尽可能创造出友好、轻松的良好谈判氛围。

1. 握手

握手是最常见的见面礼节,在谈判时要主动和对方握手表示友好。在主场谈判的人应先同客场谈判的人握手。在离别和谈判结束时,座位主方的谈判人员切忌主动先和客场谈判人员握手,因为这时主动握手无异于催促对方赶快离开。此时应先由客方伸手,其意在表达再见或对接待的感谢。

2. 介绍

谈判活动中的介绍与自我介绍也是十分重要的一个环节,第一次见面时得体的介绍会给对方一个先入为主的好印象。介绍的方式一般有两种:一是第三者作介绍,二是自我介绍。介绍时要自然大方,不可露傲慢之意,被介绍到的人应起立微笑示意,可以礼貌地说"幸会""请多关照"之类的话。询问对方要客气,如"请教尊姓大名"等。如有名片要双手递交。介绍完毕,可选择双方共同感兴趣的话题进行交谈,稍作寒暄以沟通感情,为谈判创造温馨轻松的氛围。

3. 姿态动作

谈判之初的姿态对把握谈判气氛起到重大作用。用目光注视对方时,目光应停留在对方双眼至前额的三角区域正方,这样使对方感到被关注,觉得你诚恳严肃。手势要自然,不宜乱打手势,以免造成轻浮之感。

(二)谈判之中

这是谈判的实质性阶段,主要包括概说、磋商和解决矛盾三个阶段。

1. 概说阶段

概说阶段中,双方要简要阐述各自的谈判目的及自己希望达成的目标和设想。此阶段是认识双方想法的阶段,因此必须做到:言简意赅,言辞或态度尽量不要引起对方的焦虑和愤怒,而激起对方的自卫,这样只会丧失原来可能获得协助或支持的机会。在讲完自己的意见后要倾听对方的发言,理解其讲话的内容。

2. 磋商阶段

双方的真正对立、竞争状态在这个阶段才明显展开。彼此双方就其观点、目标的对立进行实质性的会谈。由于谈判双方都想获得利益和占据优势,有时甚至会感到如临大敌的紧张气氛。在这种情况下,做到心平气和、处变不惊、不急不躁、冷静处事,是任何高明的谈判者所应保持的风度。坚持自己的立场、正确分析双方的分歧和差异,既要说出自己的观点,找出各方面的分歧和差异所在,又要运用谈判技巧和合理的妥协来缓和气氛,使谈判双方心平气和的磋商下去,最终消除分歧和差距,寻求一致,达成协议。

3. 解决矛盾阶段

在此阶段,谈判各方无不希望在谈判中最大限度地维护或者争取自身的利益。然而从本质上来讲,真正成功的谈判,应当以妥协即有关各方面的相互让步为结局。谈判不应当以"你死我活"为目标,而是应当使有关各方互利互惠,互有所得,实现双赢。在谈判中,只注意争利而不懂得适当地让利于人;只顾己方目标的实现,而指望对方一无所得,这种做法既没有风度,也不会真正赢得谈判。

四、谈判后签约中的礼仪

商务谈判最后的阶段是签字仪式。从礼仪上来讲,举行签字仪式时,一定要郑重其事,认认真真。其中最为引人注目的,当属举行签字仪式时座次的排列方式问题。

一是并列式,是举行双边签字仪式时最常见的形式。基本做法是:签字桌在室内面门横放。双方出席仪式的全体人员在签字桌后并排排列,双方签字人员居中面门而坐,客方居右,主方居左。

二是相对式,与并列式签字仪式的排座基本相同。二者之间的主要差别是,相对式排座将双边参加签字仪式的随员席移至签字人的对面。

三是主席式,主要适用于多边签字仪式。操作特点是:签字桌仍须在室内横放,签字席仍须设在桌后面对正门,但只设一个,并且不固定其就座者。举行仪式时,所有各方人员包括签字人在内,皆应背对正门、面向签字席就座。签字时,各方签字人应以规定的先后顺序依次走上签字席就座签字,然后退回原处就座。

 **礼仪拓展**

功亏一篑的签字仪式

杨易最近的心情十分不错,因为他刚代表公司谈成了一笔大生意,目前万事俱备,只差签约了。虽然双方还没有签约,但杨易认为已经不存在什么问题了,因为在谈判桌上对方的代表已经亲口承诺,所以对于即将到来的签字仪式,他也没有做什么准备。

到了签字仪式那天,对方的签字代表西装革履、精神抖擞地步入了签字厅,杨易却一身休闲,还带着因昨日整夜狂欢留下的满脸倦容走进了签字厅。对方看到杨易的样子微微皱了皱眉头,脸上露出了一丝不满的神情,心想:"他也太不尊重我们了吧!"但想归想,出于礼貌,对方并没把此话说出口。

签字仪式马上就要开始了,杨易和助手突然发现他们的待签文本找不到了。助手急得满头大汗,杨易却毫不在乎地说:"有什么大不了的,告诉对方代表等我们找到待签文本后再签字吧!"

对方代表听到杨易这种不负责任的话后,再也按捺不住心头的怒火,径直走到杨易的面前说:"我看你们也不用再找什么待签文本了,这次的签约仪式就此取消,我们所谈的那桩生意也就此作罢吧!"说完,对方代表就推开门走了出去,留下杨易及身后的助手目瞪口呆地站在那里。

 思考与训练

1. 什么是商务谈判的"三A"原则?
2. 应如何选择商务谈判的时间和地点?
3. 双边谈判应怎样排定座次?
4. 在谈判中,解决矛盾时要注意哪些礼仪?
5. 谈判中,目光的使用要注意些什么?
6. 谈判后签约要注意哪些礼仪?

任务三 商务仪式礼仪

案例引入

一次成功的开业典礼

袁建今天特别兴奋,因为他和几个伙伴共同投资建设的一个大型商场马上就要开业了。为了今天的这个开业典礼,他可谓煞费苦心。他先将开业典礼选在了周末,因为这天观看的人会比较多。然后又借助自己的社会关系邀请了几个社会名流和有关领导来参加开业典礼。既然邀请了这些人,那肯定也得邀请一些新闻界的人士,这样一来这次开业典礼的影响就会更大了。

忙完了这些,袁建赶紧指挥公司的员工布置典礼现场,并告诉他们一定要突出热闹、喜庆的原则。员工们遵从他的指示在典礼现场悬挂了很多彩带,还别出心裁地挂了很多宫灯,使现场颇显出隆重、热烈的气氛。

典礼开始之后,因为围观群众较多,为了不使现场混乱,袁建一边让工作人员维持秩序,一边派专人接待来宾。典礼结束后,他向来宾一一道别并致谢,还送给每位来宾一份精巧的纪念品。

送走了来宾,袁建立刻安排工作人员在商场门口站立,迎接第一批顾客。他向顾客们派发了一些糖果、巧克力、玩具和其他纪念品。这些东西以及典礼的隆重、热闹令顾客们接踵而至。毫无疑问,这次的开业典礼举办得非常成功。受此影响,后来顾客们经常光顾这家商场,商场的营业额也一直保持稳中有升。

【分析提示】

开业典礼尽管进行的时间极其短暂,但要营造出现场的热烈气氛,取得彻底的成功绝非易事。开业典礼牵涉面甚广,影响面巨大,所以必须对其进行认真的准备并经过精心的策划,这样才能给旁人以热烈和隆重的感觉,而这也是举办开业典礼所要达到的目的。

礼仪解读

一、签约仪式

在公务交往活动中,双方经过洽谈、讨论,就某项重大问题意见、重要交易或合作项目达成一致,就需要把谈判成果和共识,用准确、规范、符合法律要求的格式和文字记载下来,经双方签字盖章形成具有法律约束力的文件。围绕这一过程,一般都要举行签约仪式。

(一)签约仪式的准备

签约仪式是由双方正式代表在有关协议或合同上签字并产生法律效力,体现双方诚意和共祝合作成功的庄严而隆重的仪式。因此,主办方要做好充分的准备工作。

1. 确定参加仪式的人员

根据签约文件的性质和内容,安排参加签约仪式的人员。原则上是强调对等,人员数量上也应大体相当。一般来说,双方参加洽谈的人员均应在场。客方应提前与主办方协商自己出席签约仪式的人员,以便主办方作相应的安排。具体签字人,在地位和级别上应要求对等。

2. 作好协议文本的准备

签约之"约"事关重大,一旦签订即具有法律效力。所以,待签的文本应由双方与相关部门指定专人,分工合作完成好文本的定稿、翻译、校对、印刷、装订等工作。除了核对谈判内容与文本的一致性以外,还要核对各种批件、附件、证明等是否完整准确、真实有效以及译本副本是否与样本正本相符。如有争议或处理不当,应在签约仪式前,通过再次谈判达到双方谅解和满意后方可确定。作为主办方,应为文本的准备过程提供周到的服务和方便的条件。

3. 落实签约仪式的场所

落实举行仪式的场所,应视参加签约仪式人员的身份和级别、参加仪式人员的多少和所签文件的重要程度等诸多因素来确定。著名宾馆、饭店,政府会议室、会客厅都可以选择。既可以大张旗鼓地宣传,邀请媒体参加,也可以选择僻静场所进行。无论怎样选择,都应是双方协商的结果。任何一方自行决定后再通知另一方,都属失礼的行为。

4. 签约仪式现场的布置

签约仪式现场布置的总原则是庄重、整洁、清静。常见的布置为:在签约现场的厅(室)内,设一加长型条桌,桌面上覆盖着深冷色台布(应考虑双方的颜色禁忌),桌后只放两张椅子,供双方签约人签字时用。礼仪规范为客方席位在右,主方席位在左。桌上放好双方待签的文本,上端分别置有签字用具(签字笔、吸墨器等)。如果是涉外签约,在签字桌的中间摆一国旗架,分别挂上双方国旗,注意不要放错方向。如果是国内地区、单位之间的签约,也可在签字桌的两端摆上写有地区、单位名称的席位牌。签字桌后应有一定空间供参加仪式的双方人员站立,背墙上方可挂上"××(项目)签字仪式"字样的条幅。签字桌的前方应开阔、敞亮,如邀请媒体记者到场,应留有空间,配好灯光。

(二)签约仪式的程序

签约仪式有一套严格的程序,大体由以下八个步骤构成:

(1)参加签约仪式的双方代表及特约嘉宾按时步入签字仪式现场。

(2)签约者在签约台前入座,其他人员分主、客各站一边,按其身份自里向外依次由高到低,列队于各自签约者的座位之后。

(3)双方助签人员分别站立在自己签约者的外侧。

(4)签约仪式开始后,助签人员翻开文本,指明具体的签字处,由签约者签上自己的姓名,并由助签人员将己方签了字的文本递交给对方助签人员,交换对方的文本再签字。

(5)双方保存的协议文本都签好字以后,由双方的签约者郑重地相互交换文本,同时握手致意、

祝贺,双方站立人员同时鼓掌。

(6)协议文本交换后,服务人员用托盘端上香槟酒,双方签约人员举杯同庆,以增添合作愉快气氛。

(7)签约仪式结束后,双方可共同接受媒体采访。

(8)退场时,可安排客方人员先走,主方送客后自己再离开。

(三)签约仪式的礼仪

签约仪式上,虽然双方气氛轻松和谐,也没有了谈判时的警觉和自律,但签约仪式礼仪仍不可大意。

(1)注意服饰整洁、挺括。参加签约仪式应穿正式服装,庄重大方,切不可随意着装。这反映了签约一方对签约的整体态度和对对方的尊重。

(2)签约者的身份和职位双方应对等,过高或过低都会造成不必要的误会。其他人员在站立的位置和排序上也应有讲究,不可自以为是。在整个签约仪式完成之前,参加仪式的双方人员都应平和地微笑着直立站好,不宜互相走动谈话。

(3)签字应遵守"轮换制"的国际惯例。也就是,签约者应先在自己一方保存的文本左边首位处签字,然后再交换文本,在对方保存的文本上签字。这样可使双方都有一次机会首位签字。签约者在对方文本上签字后,应自行与对方签约者互换文本,而不是由助签人员代办。

(4)最后,双方举杯共饮香槟酒时,也不能大声喧哗叫喊。碰杯要轻,而后高举示意,浅抿一口即可,举止要文雅有风度。

<h2 style="text-align:center">签约风波</h2>

经过长期洽谈之后,中国南方某市的一家公司终于同美国的一家跨国公司谈妥了一笔大生意。双方在达成合约之后,决定为此正式举行一次签字仪式。

因为双方的洽谈在中国举行,故此项仪式由中方负责。在仪式正式举行的那天,让中方出乎意料的是,美方差一点要在正式签字之前"临阵变卦"。

原来,中方的工作人员在签字桌上摆放中美两国国旗时,误以中国的传统做法"以左为上"代替了目前通行的国际惯例"以右为上",将中方国旗摆在了签字桌的右侧,而将美方的国旗摆到了签字桌的左侧。这让美方人员恼火不已,他们甚至因此拒绝进入签字厅。虽然这场风波经过调解后平息了,但给了人们一个教训:在商务交往中,对于签约仪式的礼仪不可不知。

二、开业典礼仪式

开业典礼是指在单位创建、开业、项目完工、落成、某一建筑物正式启用或是某项工程正式开始之际,为了表示庆贺或纪念而按照一定的程序所隆重举行的专门仪式。

(一)开业典礼的作用

开业典礼在商界颇受青睐,究其原因,是因为通过它可以因势利导,对商界自身事业的发展裨益良多。一般认为,举行开业典礼至少可以发挥下述五个方面的作用。

（1）有助于塑造本单位的良好形象,提高国际的知名度与美誉度。

（2）有助于提高本单位的社会影响,吸引社会各界的重视与关心。

（3）有利于将本单位的建立或成就"广而告之",为自己招揽顾客。

（4）有助于让支持过自己的社会各界与自己一同分享成功的喜悦,进而为日后的进一步合作奠定良好的基础。

（5）有助于增强本单位全体员工的自豪感与责任心,从而为自己创造一个良好的开端,或是开创一个新的起点。

（二）开业典礼的程序

开业典礼的程序是指典礼的进程。典礼的效果如何,主要由程序决定,因此制定程序要符合相关礼仪的要求。

1. 迎宾

接待人员在会场门口接待来宾,在请来宾签到后,引导来宾就座。

2. 典礼开始

主持人宣布开业典礼正式开始。全体来宾起立,宣读重要嘉宾名单。

3. 致贺词

由上级领导和来宾致贺词,主要表达对开业单位的祝贺。致词人要事先定好,并准备好致辞内容。对外来的贺电、贺信等不必一一宣读,但对署名的单位或个人应予以公布。

4. 致答词

由本单位负责人致答词。其主要内容是向来宾及祝贺单位表示感谢,并简要介绍本单位的经营特色和经营目标。

5. 揭幕

由本单位负责人和一位上级领导或嘉宾代表揭去盖在匾额上的红布,宣告企业的正式成立或活动开始。参加典礼的全体人员应鼓掌祝贺。

6. 参观

引导来宾参观,介绍本单位的主要设施、特色商品等。

7. 迎接首批顾客

可以采取让利销售或提供各种优惠服务的方式来吸引客户,也可以邀请具有代表性的消费者参加座谈,以虚心听取他们建议的方式来拉近与消费者的距离。成功的开业典礼的标志是内容紧凑、仪式简洁、喜庆效果好。

（三）参加开业典礼的礼仪要求

1. 企业方礼仪

对于开业典礼的组织者来说,整个仪式过程就是礼待宾客的过程,每个人的仪容、仪表都要重视。同时还应做到如下四点:

（1）服饰要规范。有条件的单位最好穿统一式样的服装,没有条件的应要求每个人穿着正式服装。

（2）准备要周到。请柬的发放应及时,不得有遗漏;席位的安排要讲究,一般是按照身份与职务的高低确定主席台座次和贵宾席位;为来宾准备好迎送车辆等。

（3）时间要遵守。仪式的起始时间应该遵守，不要拖延，以免让人觉得言而无信。

（4）态度要友好。开业典礼的特点是营造喜庆气氛，所以要让来宾高兴才能有良好的气氛；另外，要为发言的来宾鼓掌。

2. 来宾礼仪

宾客要准时参加开业典礼，为主办方捧场。如有特殊情况不能到场，应尽早通知主办方，让对方另作安排。

宾客在参加开业典礼时应送些贺礼，如花篮、楹联等，并在贺礼上写明庆贺对象、庆贺缘由、贺词及祝贺单位。

见到主人应向其表示祝贺，入座后应礼貌地与邻座打招呼，可通过自我介绍、互换名片等方式结识更多的朋友。

在典礼上致贺词时，应简短精练，不能随意发挥、拖延时间，而且要表现得冷静沉着、心平气和，注意文明用语。

在典礼的进行过程中，宾客要做一些礼节性的附和，如鼓掌、跟随参观和写留言等。宾客离开时要与主办单位领导、主持人和服务人员等握手告别，并致谢意。

三、庆典仪式

庆典仪式是商业组织对具有特定意义的事件所举行的庆贺活动。庆典仪式可以组织内部人员，也可以邀请政府人员、媒介公众、社区公众等参加。

就内容而言，商界举行的庆典大致可以分为以下三类。

1. 成立周年庆典

通常是逢五、逢十进行，即在本单位成立五周年的整倍数时进行。

2. 荣获某项荣誉的庆典

当单位本身荣获了某项荣誉称号时或单位的"拳头产品"在国内外的展评中获奖之后，基本上会举行此类庆典。

3. 取得重大业绩的庆典

当企业业绩取得重大突破时，为了表彰有功人员，动员员工再接再厉，企业通常会举办庆典活动。这类庆典往往在年末或一些与企业发展相关的特定日期举行。

四、剪彩仪式

剪彩仪式是有关组织为了庆贺其成立开业、大型建筑物落成、新造的车船和飞机出厂、道路桥梁落成、大型展销会和展览会的开幕而举行的一种庆祝活动。

剪彩作为一种庆典仪式，可以在开业典礼中举行，也可举行专门的剪彩仪式，以期引起社会各界的重视。

（一）剪彩的由来

剪彩仪式起源于开张。据说美国人做生意保留着一种习俗，即一清早必须把店门打开，为了使人们知道这是一间新开张的店铺，还要特地在门前横系上一条布带。因为这样做既可以防止店铺未开张前闯入闲人，又起到引人注目、标新立异的作用。等店铺正式开张时才将布带取走。

（二）剪彩仪式的礼仪

1. 邀请参加者

参加剪彩仪式的人员主要有：主办单位负责人和组织仪式的人员；上级领导、知名人士及记者等来宾；主办单位企业的员工；有关管理者和技术人员。通过参加仪式，参加者身临其境，感受项目或展览的重要，从而形成深刻难忘的印象。对仪式的参加者应做好接待工作。当宾客到达时，接待人员要请宾客签到，然后引领他们到指定的位置上。

2. 准备工作

剪彩仪式的主席台要事先布置好，主席台要蒙好台布，摆放茶水和名牌。为了增添热烈而隆重的喜庆气氛，可以邀请礼仪小姐参加仪式。礼仪小姐可从本组织中挑选，也可到礼仪公司聘请。对礼仪小姐要求仪容、仪表、仪态文雅、大方、端庄。着装宜选择西式套装或红色旗袍，穿高跟鞋配长筒丝袜，化淡妆，并以盘起发髻的发型为佳。人员确定后，要进行必要的分工和演练。剪彩仪式的用品如剪刀、白纱手套、托盘等应按剪彩人数配齐，系有花结的大红缎带约 2 米，馈赠的纪念性小礼品也应准备好。

3. 剪彩者形象

剪彩者是剪彩仪式的主角，其仪表举止直接关系到剪裁仪式的效果和组织形象。作为剪彩者，要有荣誉感和责任感，衣着大方、整洁、挺括，容貌要适当修饰，剪彩过程中要保持稳重的姿态、洒脱的风度和优雅的举止。

4. 仪式开始

仪式主持人在宣布仪式开始时，声音要高亢响亮。然后向到会者介绍参加剪彩仪式的领导人、负责人与知名人士，并对他们表示谢意，同时也对在场的其他与会者表示感谢。感谢还要用掌声表示，主持人把两手略微举高，以作为对在场各位鼓掌引导的暗示。仪式上可以安排简短发言，言简意赅、充满热情，两三分钟即可。发言者一般为主办方代表，向主办方表示祝贺的上级主管部门、地方政府及其他协作单位的代表。

5. 进行剪彩

主持人宣布正式剪彩之后，剪彩者应在礼仪小姐的引导下，步履稳健地走向剪彩位置。如同时有几位剪彩者，应让中间主剪者走在前面，其他剪彩者紧随其后走向自己的剪彩位置。主席台上的人员一般要尾随至剪彩者身后 1 至 2 米处站立。当礼仪小姐用托盘呈上白手套、新剪刀时，剪彩者可用微笑表示谢意并随即接过手套和剪刀。剪彩前要向手拉缎带的礼仪小姐点头示意，然后全神贯注、表情庄重地将缎带一刀两断。如果几位剪彩者共同剪彩，

要注意协调行动,处在外段的剪彩者应用眼睛余光注视处于中间位置的剪彩者的动作,力争同时剪断彩带。礼仪小姐应配合,让彩球落于托盘中,剪彩者在放下剪刀后,应转身向周围的人鼓掌致意,并与主办方进行礼节性的谈话,然后在礼仪小姐引导下退场。

6. 参观庆贺

剪彩后,一般会组织来宾参观工程、展览等。有时候会宴请宾客,共同举杯庆祝。

五、其他仪式

（一）升旗仪式

国旗是一个国家的标志,是国家及其民族精神的象征。人们在举办各种活动时,常常举行升旗仪式,以表示对国旗的热爱和尊重。

1. 举行升旗仪式的活动

需要举行升旗仪式的活动有:接待外国元首、政府首脑;大型国际体育比赛;大型节日庆典、纪念活动;召开国际会议等。

接待外国元首或政府首脑,一般是在国宾下榻的宾馆外悬挂主客双方的国旗,以示两国友好。两国国旗并挂,以旗正面为准,左边的是本国国旗,右边的是客方国旗。

国际会议通常在会场上悬挂与会国国旗,会场所在地也挂与会国国旗。

大型国际体育比赛,在运动员住地要悬挂参赛国国旗,在运动员取得优异成绩时,在发奖仪式上要悬挂前三名运动员所在国的国旗。国内举办的各种体育运动会、其他大型会议开幕式上也要举行升旗仪式。

在全国性的或国际性的节日、纪念日时,人们也常常要悬挂国旗。国内,新校园的落成、新学期开学典礼、少先队入队仪式等,都要举行升旗仪式,也进行爱国主义教育;有些学校把升旗仪式作为每天履行的仪式。

国内如遇德高望重、深受人民拥护和爱戴的领导人去世时,人们往往降半旗致哀。降半旗致哀的做法是:先将旗升至旗杆顶端,然后再降至离杆顶1/3处。

2. 升旗仪式举行时的礼仪

升旗仪式大体相同,即事先准备好需用的国旗,并将国旗整理好由两个或四个人拖住。当主持人宣布升旗仪式开始时,升旗手将国旗迎风展开;当乐队奏国歌时,升旗手随着国歌的节奏缓缓地向上升旗,国歌结束,国旗正好升至杆顶。

举行升旗仪式时,所有的人都应站立,目光注视国旗,表情崇敬、严肃。除新闻记者外,其他人不可随便走动,更不能交头接耳、追逐嬉笑。升旗时可以随着国歌奏乐默唱歌词。

升挂国旗应是早晨升起,傍晚落下(遇有恶劣天气,可以不升旗)。

不得升挂破损、污损、褪色或者不合规格的国旗。

(二) 颁奖仪式

颁奖仪式是指为了表彰、奖励某些组织和个人所取得的成绩、成就而进行的仪式。

1. 颁奖仪式的准备

颁奖仪式召开之前应搞好会场的接待布置,体现隆重而热烈的气氛。仪式一般安排在较大的礼堂中进行。会场上设置主席台并覆盖整洁的桌布。主席台上方悬挂表彰大会会幅,主席台前方放置盆花,主席台侧位可配有锣鼓、乐队。仪式召开前播放音乐,整个会场应洋溢热烈、愉悦的气氛。

授奖人员一般安排在会场的前排就座,重要宾客安排在主席台上。当授奖人较多时,应事先安排好领导人和授奖人的位置和次序,以免出错。将奖品、证书等按次序放在主席台上,确保颁奖过程热烈有序。

2. 颁奖仪式的程序

仪式开始前播放音乐,锣鼓队敲锣打鼓欢迎授奖人员和来宾入座或奏乐欢迎受奖人员和宾客入座。组织负责人主持会议,宣布大会开始。有关领导讲话,介绍重要来宾、宣读颁奖决定和人员名单。

举行颁奖时,由组织请来的重要宾客、上级领导或本组织的负责人担任颁奖人,受奖人在工作人员的引导下,按顺序依次上台领取证书、勋章。此时可敲锣打鼓,如果是来访的外国领导人或知名人士受奖,最好有乐队伴奏,悬挂两国国旗。颁奖时,颁奖人面向公众,受奖人站在颁奖人对面接受奖品、荣誉证书、奖杯等;双方互相握手示意后,受奖者向公众致意,或鞠躬,或挥手,或举起奖状、证书、奖杯。接下来请来宾致贺词,由颁奖者和受奖者先后致辞。最后大会宣布结束,音乐、锣鼓再次奏响,欢送受奖人员和全体来宾。

颁奖仪式结束后,主办方通常会安排一些文艺演出或播放影片以助兴。

礼仪拓展

剪彩的由来

据传,剪彩的头一次亮相是在1912年的美国神安东尼奥州的华狄密镇,那位因发明剪彩仪式而一时出尽风头的店主叫作威尔斯。

这一年,美国神安东尼奥州的华狄密镇有一家大型百货公司将要开业。开张这一天的一大早,老板按当地风俗在开着的店门前横系一条布带,防止公司未开张前有闲人闯入。正在顾客迫不及待地要进入店内购物的时候,店主的小女儿牵着一条小狗若无其事地将拴在店门上的布带碰落在地。等在门外的顾客以为这是该店有意玩的"新把戏",便蜂拥而至,争相抢购。从此,公司顾客盈门,财源茂盛。店主从这次突发的事件中得到启迪,在后来几家连锁店的开业过程中也如法炮制,只不过这后几次是店主有意让小女儿把布带碰断,果然财运又很好。于是,人们认为公司、店铺开张时让女孩碰断布带是一个极好的兆头,都争相效仿,并赋予其"剪彩"之称。

刚开始时,人们效仿威尔斯,让专人牵着一条小狗来充当剪彩者,让小狗故意去碰落店门上拴着的布带。后来,人们用彩带取代了颜色单一的布带,而剪彩者变成了年轻的姑娘。到了现在,剪彩被定型为邀请社会名流和本地官员,持剪刀剪断众多佳丽们手中所持的大红缎带。

思考与训练

1. 如何进行签约仪式的现场布置?
2. 签约有哪些程序?
3. 签约要注意哪些礼仪?
4. 参加开业典礼的来宾要注意哪些礼仪?
5. 如何进行剪彩?
6. 升旗仪式要注意哪些礼仪?
7. 颁奖仪式有哪些程序?

任务四 会议礼仪

案例引入

小刘的公司应邀参加一个研讨会,该研讨会邀请了很多商界知名人士以及新闻界人士参加。老总特别安排小刘和他一道去参加,同时也让小刘见识见识大场面。

小刘早上睡过了头,等他赶到时会议已经进行了二十分钟。他急急忙忙推开了会议室的门,"吱"的一声脆响,他一下子成了会场上的焦点。刚坐下不到五分钟,肃静的会场上又响起了摇篮曲,是谁在播放音乐?原来是小刘的手机响了!这下子,小刘可成了全会场的明星……

没过多久,小刘离开了原来的公司。

【分析提示】

不管是参加本单位还是其他单位的会议,都必须遵守会议礼仪。因为在这种高度聚焦的场合,稍有不慎,便会严重损害自己和单位的形象。

礼仪解读

会议是为了实现一定目的,由主办或主持单位召集组织的、由不同层次和不同数量的人们参加的一种事务性活动。会议的目的多种多样:表扬或批评、布置任务、解决问题、交流经验、调查情况、沟通信息、纠正错误等。但无论是什么目的,要想取得良好的效果,会议的组织、参加、进行都必须讲究礼仪,以便与会者的思想感情能很好地进行沟通。因此,会议礼仪是会议取得成功的重要保证。

一、发布会礼仪

发布会一般指新闻发布会,又称记者招待会。政府、企业、社会团体或个人都可公开举行,并邀请各新闻媒介的记者参加。举行发布会主要是为了把组织较为重要的成就以及信息报告给新闻机构,所以,在发布会上发布的消息对于产品和产品形象、组织和组织形象、先进人物和重要人物的宣传有较重要的价值。

(一)发布会的准备

筹备发布会,要做的准备工作有很多,其中最重要的是做好时机的选择、人员的安排、记者的邀请、会场的布置和材料的准备等。

1. 时机的选择

在确定发布会的时机之前,应明确两点:一是确定新闻的价值,即对某一消息,要论证其是否具有专门召集记者前来予以报道的新闻价值,要选择恰当的新闻"由头";二是应确认新闻发表紧迫性的最佳时机。以企业为例,新产品的开发、经营方针的改变或新举措、企业首脑或高级管理人员的更换、企业的合并、逢重大纪念日、发生重大伤亡事故等事件时,都可以举行发布会。如果基于以上两点,确认要召开新闻发布会的话,就要选择恰当的召开时机:避开节日与假日,避开本地的重大活动,避开其他单位的发布会,还要避免与新闻界的宣传报道重点相左或撞车。恰当的时机选择是发布会取得成功的保障。

2. 人员的安排

发布会的人员安排,其关键是要选好主持人和发言人。发布会的主持人应由主办单位的公关部长、办公室主任或秘书长担任。其基本条件是仪表堂堂,年富力强,见多识广,反应灵活,语言流畅,幽默风趣,善于把握大局、引导提问和控制会场,具有丰富的主持会议的经验。

新闻发言人由本单位主要负责人担任,除了在社会上口碑较好、与新闻界关系较为融洽之外,对其基本要求是修养良好、学识渊博、思维敏捷、能言善辩、彬彬有礼。

发布会还要精选一批负责会议现场工作的礼仪接待人员,一般由相貌端正、工作认真负责、善于交际应酬的年轻女性担任。

值得注意的是,所有出席发布会的人员均须在会上佩戴事先统一制作的胸卡,胸卡上面要写清姓名、单位、部门与职务。

3. 记者的邀请

对出席发布会的记者要事先确定其范围,具体应视问题涉及范围或事件发生的地点而定,一般情况下,与会者应是与特定事件相关的新闻界人士和相关公众代表。组织为了提高单位的知名度、扩大组织的影响而宣布某一消息时,邀请的新闻单位通常多多益善;而在说明某一活动、解释某一事件,特别是本单位处于劣势时,邀请的新闻单位的面则不宜过于宽泛。邀请时要尽可能地先邀请影响大、报道公正、口碑良好的新闻单位。如事件和消息只涉及某一城市,一般只请当地的新闻记者参加即可。

另外,邀请的记者确定后,请柬最好是提前一星期发出,会前再以电话提醒并确认。

4. 会场的布置

发布会的地点除了可考虑在本单位或事件所在地举行外,还可考虑租用大宾馆、大饭店举行,如果希望造成全国性影响的,可在首都或某大城市举行。发布会现场应交通便利、条件舒适、大小合适。会议地点确定后,应提前实地考察,在会议召开前应认真进行会场布置。小型会议的桌子宜用圆形,大家围成一个圆圈,显得气氛和谐、宾主平等。大型会议应设主席台席位、记者席位、来宾席位等。

5. 材料的准备

在举行发布会之前,主办单位要事先准备好如下材料:

(1)发言提纲。这是发言人在发布会上进行正式发言时的发言提要,它要紧扣主题,体现全面、准确、生动、真实的原则。

(2)问答提纲。为了使发言人在现场正式回答提问时表现自如,可在对被提问的主要问题进行预测的基础上,形成问答提纲及相应答案,供发言人参考。

(3)报道提纲。事先必须精心准备一份以有关数据、图片、资料为主的报道提纲,并打印出来,在发布会上提供给新闻记者。在报道提纲上应列出本单位的名称、联系方式等,便于日后联系。

(4)形象化视听材料。这些材料供与会者利用,可增强发布会的效果,包括图表、照片、实物、模型、录音、录像、影片、幻灯片、光碟等。

(二)发布会进行过程中的礼仪

1. 搞好会议签到

要搞好发布会的签到工作,让记者和来宾在事先准备好的签到簿上签下自己的姓名、单位、联系方式等内容。记者及来宾签到后按事先的安排把与会者引到会场就座。

2. 严格遵守程序

严格遵守会议程序,主持人要充分发挥主持者和组织者的作用,宣布会议的主要内容、提问范围以及会议进行的时间,一般不要超过两小时。主持人、发言人讲话时间不宜过长,过长

会影响记者提问。对记者所提的问题应逐一予以回答,不可与记者发生冲突。会议主持人要始终把握会议主题,维护好会场秩序,主持人和发言人会前不要单独会见记者或提供任何信息。

3. 注意相互配合

在发布会上,主持人和发言人要相互配合。事先要明确分工、各司其职,不允许越俎代庖。在发布会进行期间,主持人和发言人通常要保持一致的口径,不允许公开顶牛、相互拆台。当新闻记者提出的某些问题过于尖锐难以回答时,主持人要想方设法转移话题,不使发言人难堪。而当主持人邀请某位记者提问之后,发言人一般要给予对方适当的回答,否则对新闻记者和主持人都是不礼貌的。

4. 态度真诚主动

发布会自始至终都要注意对待记者的态度,因为接待记者的质量如何直接关系到新闻媒介发布消息的成败。作为人,记者希望接待人员对其尊重、热情,并了解其所在的新闻媒介及其作品等;作为专业人,希望提供工作之便,如一条有发表价值的消息,一个有利于拍到照片的角度等,记者的合理要求要尽量满足。对待记者千万不能趾高气扬、态度傲慢,一定要温文尔雅、彬彬有礼。

(三)发布会的善后事宜

发布会举行完毕后,主办单位须在一定的时间内,对其进行一次认真的评估善后工作,主要包括:

1. 整理会议资料

整理会议资料有助于全面评估发布会会议效果,为今后举行类似会议提供借鉴。发布会后要尽快整理出会议记录材料,对发布会的组织、布置、主持和回答问题等方面的工作进行回顾和总结,从中吸取经验,找出不足。

2. 收集各方反映

首先要收集与会者对会议的总体反映,检查在接待、安排、服务等方面的工作是否有欠妥之处,以便今后改进。其次要收集新闻界的反映,了解与会的新闻界人士有多少人为此次新闻发布会发表了稿件,并对其进行归类分析,找出舆论倾向。同时对各种报道进行检查,若出现不利于本组织的报道,应做出良好的应对策略。若发现不正确或歪曲事实的报道,应立即采取行动,说明真相;如果是由于自己失误造成的问题,应通过新闻机构表示谦虚接受并致歉意,以挽回声誉。

二、展览会礼仪

举办展览会,其目的是运用真实可见的产品和热情周到的服务,全面透彻的资料、图片介绍和技术人员的现场操作,吸引大量的参观者,使其留下深刻的印象。展览会是重要的公共关系活动之一。

(一)展览会的特点

1. 形象的传播方式

展览会是一种非常直观、形象、生动的传播方式。展览会通常以展出的实物为主,并进行现场示范表演,如在产品展览会上,有专人讲解和示范产品的使用方法。这种直观、形象的活动,容易给参观者留下深刻的印象。

2. 极好的沟通机会

展览活动给组织提供了与公众直接沟通的极好机会,通常展览会上都有专人解答参观者的问题,并就他们感兴趣的问题进行深入讨论。这样参展单位在让公众了解本组织的同时,还能及时了解公众对本组织传播内容的反映,参展单位可以根据公众反馈的信息进一步做好工作。

3. 多种传媒的运用

展览会是一种复合的传播方式,是同时使用多种媒介进行交叉混合传播的过程。它集多种传播媒介于一体,有声音媒介,如讲解、交谈和现场广播,又有文字媒介,如印刷的宣传手册、资料,同时还有图像媒介,如各种照片、录像、幻灯片等。这种复合型的沟通效果是其他传播媒介无法比拟的。

(二)展览会的组织

举办展览会要精心组织,做好以下细致全面的工作。

1. 明确展览会的主题

每一次、每种类型的展览会都应有明确的主题和目的。只有主题明确,才能提纲挈领,对所有展品进行有机的排列组合,充分展示展品的风采。否则主题不明,眉毛胡子一把抓,很难把展品、各类资料有机地结合起来,杂乱无章,势必影响展览效果。

2. 搞好展览整体设计

任何一次展览都是一项系统工程,要求必须有一个详细的整体设计。包括展览场地、标语口号、展览徽志、参展单位及项目、辅助设备、相关服务部门的设置和人员安排、信息的发布与新闻界的联络、对工作人员的培训等,都需要全面设计,周密安排。否则在任何一个环节上安排不当都会影响整个展览的效果。

3. 成立对外新闻发布机构

成立对外新闻发布的专门机构,负责与新闻界进行密切的联系。展览过程中往往会发生许多有新闻价值的事件,这就需要有关人员以敏锐的观察力去挖掘、去分析并写成各种新闻稿件发表,以扩大影响。同时,要组成专门的机构专门负责新闻发布的计划,如确定发布内容、发布时机、发布形式等,这样效果会更好些。

4. 展览效果的测定

展览的效果一般体现在观众对展品的反馈,对组织形象的认识以及对整个展览会从内容到形式的总体看法等方面。为了检验展览会的效果,检验举办各类展览活动的目的是否达到,必须对展览效果进行检测。测定的方法有很多,如设立观众留言簿,召开座谈会听取反馈,检验公众对展品的留意程度等。

(三)展览会的礼仪

展览会的工作人员应当具备良好的素质,明确办展的目的和主题,了解展品的相关知识和操作,具备与展品有关的专业素质,还要懂得礼仪,从各自不同的角度影响公众,使公众满意。

1. 主持人礼仪

展览会主持人应表现出一定的权威性,在着装上,要穿西服套装、系领带,使公众对其主持的展览会和展览的产品产生信赖感。主持人的形象也是组织实力的一种体现。与宾客握手时,主持人应先伸出手去,等宾客放手后再松手。

2. 讲解员礼仪

讲解员应热情礼貌地称呼公众,讲解流畅,不用冷僻字,力求让公众听懂。介绍的内容要实事求是,不弄虚作假,不愚弄听众。语调清晰流畅,声音响亮悦耳,语速适中。解说完毕,应对公众表示谢意。讲解员着装要整洁大方,打扮自然得体,举止庄重,动作大方。

3. 接待员礼仪

接待员站着迎接参观者时,双脚略开,与肩同宽,双手自然下垂或在身后交叉,这种站姿不仅大方而且有力。站立时切勿双脚不停地移动,表现出内心的不安稳、不耐烦,也不要一脚交叉于另一只脚前,因为这是不友善的表示。接待人员不可随心所欲地趴在展台上或跷着"二郎腿",嚼着口香糖,充当守摊者。要随时与参观者保持目光接触,目光要坚定,不可游移不定,也不可眼看别处,要表示你的坦然和自信。

三、赞助会礼仪

赞助是指组织者对某一社会事业、事件无偿地给予捐赠和资助,从而扩大组织者的知名度与美誉度,树立美好形象的活动。赞助会是某项赞助举行时采用的具体形式。

(一)赞助的意义

赞助对组织者的发展具有特殊而重要的意义。具体表现为以下三点:

1. 提高组织者知名度

赞助可以使组织者的名字伴随所赞助的事件一起传播。如奥运会是举世瞩目的体坛盛会,收看的公众覆盖面非常广,遍布全世界,这样的赞助活动对组织者知名度的提高是可想而知的。

2. 提高组织者美誉度

由于赞助活动所赞助的对象往往是社会大众所关注的、想支持的事业,因此赞助可以树立一个组织关心公益事业的良好形象,改变营利性组织者"唯利是图"的商人形象。

3. 履行组织的社会责任

救灾扶贫,支持公益事业,关系到社会每个成员。赞助活动正体现了组织者在建设精神文明、履行社会责任和义务等方面的积极态度。

（二）赞助的类型

1. 赞助体育事业

赞助体育事业主要包括为体育馆捐资和赞助大型体育比赛，通常以后者居多。因为体育比赛是当今的社会热点之一，对其进行赞助，往往可使组织名利双收、一举两得。

2. 赞助文化活动

主要指赞助电影和电视节目的制作、赞助广播节目、报刊开辟专栏、赞助文艺表演、赞助知识竞赛、艺术节、文化节等大型文化活动。这种赞助活动，不仅有助于社会主义文化事业的发展，有助于全民族文化素质的提高，也有助于培养组织者和公众的良好情感，提高知名度。

3. 赞助教育事业

教育的发展是关系国家千秋大业的大事。赞助教育事业，既有利于教育事业的发展，也会使组织从中受益。赞助教育的方式，主要有赞助设立奖学金，赞助学校教学、科研经费，仪器设备，基本建设经费，赞助社会办学等。

4. 赞助社会福利事业

这里主要指为贫困地区、残疾人、孤寡老人和荣誉军人等提供帮助。这类赞助体现了组织高尚的道德品质，也是组织者向社会表明其承担社会义务和责任的手段。

赞助单位向单位和个人提供的赞助物品主要有四类：

（1）金钱。赞助单位以现金或支票的形式，向受赞助者提供赞助。（2）实物。赞助单位或个人以一种或数种具有实用性的物资的形式，向受赞助者提供赞助。（3）义卖。赞助单位或个人将自己所拥有的某件物品进行拍卖，或是划定某段时间将本单位或个人的商品向社会出售，然后将全部所得以现金的形式，向受赞助者提供赞助。（4）义工。赞助单位或个人派出一定数量的员工，前往受赞助者所在单位或其他场所，进行义务劳动或有偿劳动，以劳务的形式或劳动所得来提供赞助。

（三）赞助会的礼仪

赞助活动实施之际，往往需要举行一次聚会，将相关事宜公告社会。这种以赞助为主题的赞助会，在赞助活动中尤其是大型赞助活动中必不可少。赞助会一般由受赞助者操办，也可由赞助者操办。

1. 场地的布置

赞助会的举行地点一般可选择受赞助者所在单位的会议厅，也可租用社会上的会议厅。会议厅要大小适宜，干净整洁。会议厅内，灯光亮度适宜。在主席台的正上方，须悬挂一条大红横幅，其上应以金色或黑色的楷书书写"某某单位赞助某某项目大会"，或者"某某赞助仪式"的字样。赞助会会场的布置不可过度豪华张扬，略加装饰即可。

2. 人员的选择

参加赞助会的人员既要有充分的代表性，又不必在数量上求多。除了赞助单位、受赞助者双方的主要负责人及员工代表之外，赞助会应当重点邀请政府代表、社区代表、群众代表以及新闻界人士参加。所有参加赞助会的人士，与会时都要身着正装，注意仪表，个人动作举止规范，以与赞助会庄严神圣的整体风格相协调。

3. 会议的议程

赞助会的具体会议议程应该周密、紧凑,全部时间不应超过一小时。

(1) 宣布会议开始。赞助会的主持人,一般由受赞助单位的负责人或公关人员担任。在宣布正式开会之前,主持人应恭请全体与会者各就各位,保持肃静,并邀请贵宾到主席台上就座。

(2) 奏国歌。此前,全体与会者须起立。在奏完国歌之后,还可奏本单位标志性歌曲。

(3) 赞助单位正式实施赞助。赞助单位代表首先出场,口头宣布其赞助的具体方式或具体数额;随后,受赞助单位的代表上场,双方热情握手;再由赞助单位代表正式将标有一定金额的巨型支票或实物清单双手捧交给受赞助单位代表。必要时礼仪小姐要为双方提供帮助。在以上过程中,全体与会者应热烈鼓掌。

(4) 双方代表分别发言。首先由赞助单位代表发言,其发言内容重在阐述赞助的目的与动机,与此同时,还可将本单位的简况略做介绍;然后由受赞助单位代表发言,集中表达对赞助单位的感谢。

(5) 来宾代表发言。根据惯例可以邀请政府有关部门的负责人讲话,其讲话主要肯定赞助单位的义举,呼吁全社会积极倡导这种互助友爱的美德。该项议程有时也可略去。至此,赞助会结束。

会后,双方主要代表及会议的主要来宾应合影留念。此后,宾主双方稍事晤谈,来宾即应告辞。

四、联欢会礼仪

联欢会是一个宽泛的概念,它包括各种组织举办的节日联欢会(如新年联欢会、春节联欢会),各种文艺晚会(如歌舞晚会、电影晚会、戏曲晚会、相声小品晚会),游艺晚会等。联欢会对于提高内部凝聚力、向心力,活跃员工的文化生活,加强与外部公众的文化沟通,提高组织者形象都起着积极的作用。联欢会重在娱乐,但其礼仪也不可忽视,否则会事倍功半。

(一) 联欢会的准备

1. 确定主题

为了使联欢会起到"教人"和"娱人"的双重作用,要精心确定联欢会的主题,使其有明确的指导思想和预期目标。在此基础上选择联欢会的形式,适宜的形式对联欢会的成功意义重大,联欢会的形式可以不拘一格,可以不断创新。

2. 确定时间、场地

联欢会的时间一般应选在晚上,也可根据情况选择在白天。其会议长度一般在两小时左右为宜。联合会的场地选择非常重要,最好选择宽敞、明亮,有舞台、灯光、音响的场地。场地应加以布置,给人以温馨、和谐、喜庆、热烈之感。联欢会的座次要事先安排好,一般应将领导安排在醒目位置,其他公众穿插安排,以便交流沟通。

3. 选定节目

要从主题出发来选定节目,尤其是开场和结尾的节目一定要精彩、有吸引力。节目形式应多种多样,健康而生动,各种形式穿插安排,不可头重尾轻,更不可千篇一律。正式的联欢会上,要把选定的节目名称整理编印成节目单,开会前发给观众,为观众提供方便。

4. 确定主持人

主持人是联欢会的关键人物,应选择仪表端庄,表达能力强,有一定的组织能力、应变能力,熟悉各项事物的人担当主持人。一场联欢会的主持人最好不少于两人(通常为一男一女)。主持人也不可过多,以免给人凌乱无序之感。

5. 彩排

正式的联欢会一定要事先进行彩排。这样有助于控制时间、堵塞漏洞,增强演职人员的信心。非正式的联欢会也要对具体事宜逐项落实,做到万无一失。

(二)观众的礼仪规范

观众在参加联欢会、观看演出时应严守礼仪规范,主要包括以下三个方面。

1. 提前入场

一般情况下,在演出正式开始前一刻钟左右,观众即应进入演出现场,注意不要迟到。入场后要对号入座,在自己的座位上就座时,要悄无声息,坐姿优雅。切勿将座椅弄出响声,或坐姿不端。

2. 专心观看

参加联欢会观看节目时要专心致志、全神贯注。不能交头接耳,窃窃私语;不能进行通信联络,要自觉关闭手机等移动通信设备,或调至"静音"状态;不要吃东西,不要吸烟,更不能随意走动或大声讲话、起哄等。总之要自觉维护全场的秩序,保持安静,使联欢会顺利进行。

3. 适时鼓掌

当主要领导、嘉宾入场或退场时,全场应有礼貌地鼓掌。演出至精彩处时也应即兴鼓掌,但时间不宜太长,演出结束时可鼓掌以示感谢。对表演欠佳的演员,要予以谅解,不要鼓倒掌,更不能吹口哨、扔东西等,因为这些做法是没有修养的表现。演出结束,全体演员登台谢幕时,观众应起立鼓掌,再次感谢演员的表演,不能熟视无睹,扬长而去。

五、宴会礼仪

宴会是在社交活动中,尤其是在商务场合中表示欢迎、庆贺、饯行、答谢,以增进友谊和融洽气氛的重要手段。招待宴请活动的形式多样,礼仪繁杂,掌握其礼仪规范是十分重要的。

(一)宴会的种类

1. 工作宴会

又称工作餐,是一种多边进餐的非正式宴请形式。按照用餐时间,可分为早、中、晚餐。工作餐不重交际形式而强调方便务实,不须事先发请柬,只邀与某项特定工作有一定关系的领导、技术人员和其他有关人员,一般不请配偶,座位的安排按参加者职务的高低为序。其形式与安排,以干净、幽雅、便于交谈为宜。

2. 冷餐会

又称冷餐招待会、自助餐,是一种方便灵活的宴请形式。其基本特点是以冷食为主,一般站着吃。通常不设正餐,但可以有热菜,不安排席次,但也设一些散座,供老弱、妇女使用。菜肴、酒水和饮料连同餐盘放在长条菜桌上,供客人自取,也可由服务员端送。这种宴请形式,一是不设固定席位,客人可以自由活动,边走边吃;二是便于接触交谈,广泛交往;三是可以容纳更多的来宾。其布置也比正式宴会简便,可以在室内也可在院子里进行。根据宾主双方身份,冷餐会的规模隆重程度可高可低,还可视财力情况掌握丰俭。举办时间一般安排在中午12时或下午1时,每次约进行两小时左右。用餐时要"一次少取,多次取用",要注意社交形象。须知,参加冷餐会,吃是次要的,与人交谈才是主要任务。

3. 酒会

又称鸡尾酒会。以招待酒水为主,略备小吃。酒会不一定都备鸡尾酒,但酒水和饮料的品种应多一些,一般不用烈性酒。小吃多为各色面包、三明治、小香肠、炸春卷等,以牙签取食。酒水和小吃由招待员用盘端送,也可置于小桌上由客人自取。酒会不设座椅,宾主皆可随意走动,自由交往。这种形式比较灵活,便于广泛接触交谈。举行的时间亦较灵活,中午、下午、晚上均可,持续时间两小时左右。在请柬规定的时间内,宾客到达和退席的时间也不受限制,可以晚来早退。酒会多用于大型活动,可以利用这个机会进行社会交际和商务交际。

4. 家宴

即指在家中设便宴招待客人,以示亲切、友好。它在社交和商务活动中发挥着敬客和促进人际交往的重要作用,西方人喜欢采取这种形式。家宴按举行的时间不同,又分早宴、午宴和晚宴;在宴请形式上可分为家庭聚会、自助宴会、家庭冷餐会和在饭店请客等几种。家庭聚会是中国目前采用最多的一种请客形式。自家家宴规模较小,形式简单,气氛亲切友好,一般由女主人操办,适合宴请经常往来的至亲好友。自助宴会的特点是灵活自由,宾主可以一起动手准备,大家合作各显其能,边准备边聊天,这种形式比较随便、自然、亲切。家庭冷餐会以买来的现成食品为主,赴宴的客人可以站着吃,也可以坐着吃,还可以自由走动挑选交谈对象,这种形式比较受青年人的欢迎。在饭店请客或请厨师在家中做菜宴客,是较为正宗的家宴形式,适用于宴请某些久别的亲友和比较尊贵的客人,或者规模较大的婚宴、寿宴等。

(二)宴会的组织

宴会对宾客而言是一种礼遇,必须按规定、按有关礼节礼仪要求组织。

1. 确定宴会的目的与形式

宴会的目的一般很明确,如节庆日聚会、工作交流、贵宾来访等。根据目的决定邀请什么人、邀请多少人,并列出客人名单。宴请主宾身份应该对等,宴请范围指请哪些方面人士,多边活动还要考虑政治因素、政治关系等。宴请形式很大程度上取决于当地的习惯做法。

2. 确定宴请时间和地点

宴会的时间和地点,应当根据宴请的目的和主宾的情况而定。一般来说,宴会时间不应与宾客工作、生活安排发生冲突,通常安排在晚上6至8点。同时还应注意宴请时间要尽量避开对方的禁忌日。例如,欧美人忌讳"13",日本人忌讳"4""9"。宴会应避开以上数字的时、日。宴请的地点,应依照交通、宴请规格、主宾喜好等情况而定。

3. 邀请

当宴请对象、时间和地点确定后,应提前1至2周制作、分发请柬,以便被邀请的宾客有充分的时间对自己的行程进行安排。即使是便宴,也应提前用电话准确地通知。

4. 确定宴会规格

宴会规格对礼仪效果的影响是十分明显的。宴会规格一般应考虑宴会出席者的最高身份、人数、目的、主人情况等因素。规格过低,显得失礼;规格过高,则无必要。确定规格后,应与饭店(酒店、宾馆)共同拟订菜单。在拟订菜单时,应考虑宾客的口味、禁忌、健康等因素。对于需要个别照顾的宾客,应尽早作好安排。

5. 席位安排

宴请往往采用圆桌布置菜肴、酒水。采用一张以上圆桌安排宴请时,排列圆桌的尊卑位次有两种情况:一种是由两桌组成的小型宴会,当两桌横排时,其桌次以右为尊,以左为卑。这里所讲的右与左,是由面对正门的位置来确定的。这种做法又叫"面门定位"。当两桌竖排时,其桌次则讲究以远为上、以进为下。这里所谓的远近,是以距正门的远近而言。此法亦称"以远为上"。

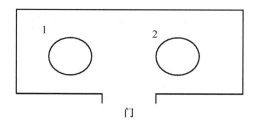

两桌横排的桌次排列方法

另一种是三桌或三桌以上所组成的宴会。通常又叫多桌宴会。在桌次的安排时除了要遵循"面门定位""以右为尊""以远为上"这三条规则外,还应兼顾其他各桌距离主桌即第一桌的远近。通常距主桌越近,桌次越高;距离主桌越远,桌次越低。

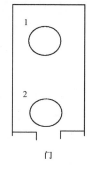 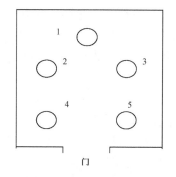

两桌竖排的桌次排列方法　　**多桌排列桌次排列方法**

须引起注意的是,在进行宴请时,每张餐桌上的具体位次也有主次尊卑之别。排列位次的方法是:主人应当面对正门而坐,并在主桌就座;举行多桌宴请时,各桌上均应有一位主桌主人的代表就座,其位置一般与主桌主人同向,有时也可面对主桌主人;各桌之上位次尊卑,应根据其距离该桌主人的远近而定,以近为上、以远为下;各桌之上距离该桌主人相同的位次,讲究以右为尊,即以该桌主人面向为准,其右为尊、其左为卑。

另外,每张桌上所安排的用餐人数应限于10人之内,并宜为双数。

圆桌上位次的具体排列又可分为两种情况:

一是每桌一个主位的排列方法。其重点是每桌只有一个主人,主宾在其右首就座。

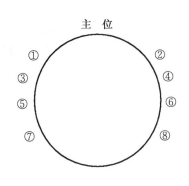
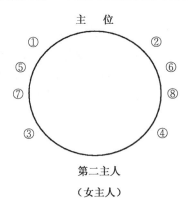

每桌一个主位的位次排列方法　　每桌两个主位的位次排列方法

二是每桌两个主位的位次排列方法。其特点是主人夫妇就座于同一桌,以男主人为第一主人,以女主人为第二主人,主宾和主宾夫人分别在男女主人右侧就座,这样每桌就形成了两个谈话中心。

有时主宾身份高于主人,为了表示尊重,可安排其在主人位次上就座,而请主人坐在主宾的位次。

6. 餐具的准备

宴请餐具十分重要,考究的餐具是对客人的尊重。依据宴会人数和酒类、菜品的道数准备足够的餐具,是宴会的基本礼仪之一。餐桌上的一切物品都应卫生,桌布、餐巾都应浆洗洁白并熨平。玻璃杯、酒杯、筷子、刀叉、碗碟等餐具,在宴会之前都必须洗净擦亮。

7. 宴请程序

迎客时,主人一般在门口迎接。官方活动除男女主人外,还有少数其他主要官员陪同主人排列成行迎宾,通常称为迎宾线,其位置一般在宾客进门存衣以后进入休息厅之前。与宾客握手后,由工作人员引入休息厅或直接进入宴会厅。主人抵达后,由主人陪同进入休息厅与其他宾客见面。休息厅由相应身份的人员陪同宾客,服务员送饮料。

主人陪同主宾进入宴会厅,全体宾客入席,宴会开始。若宴会规模较大,则可请主桌以外的客人先就座,贵宾席后入座。若有正式讲话,一般安排在热菜之后甜食之前由主人讲话,接着由主宾讲话,也可以一入席双方即讲话。冷餐会及酒会讲话时间则更灵活。吃完水果,主人和主宾起立,宴请即告结束。

西方人的日常宴请在女主人作为第一主人时,往往以她的行动为准。入席时,女主人先坐下,并由她招呼开始进餐。餐毕,女主人起立,邀请女宾与其一起离席。然后男宾起立,随后进入休息厅或留下吸烟。男女宾客在休息厅会齐,即上茶或咖啡。主宾告辞时,主人把主宾送至门口。主宾离去后,原迎宾人员顺序排列,与其他宾客握手告别。

(三)赴宴的礼仪

宾客参加宴会,无论是作为组织的代表,还是以私人身份出席,从入宴到告辞都应注重礼节规范。这既是个人素质与修养的表现,又是对主人的尊重。

1. 认真准备

接到邀请,能否出席应尽早答复对方,以便主人做出安排。接受邀请后不要随意改动,万一遇到特殊情况不能出席时,尤其是作为主宾,要尽早向主人解释、道歉,甚至亲自登门表示歉意。应邀出席一项活动之前,要核实宴请的主人,活动举办的时间、地点,是否邀请配偶以及主人对服饰的要求。

出席宴会前,一般应梳洗打扮。女士要化妆,男士应梳理头发并剃须。衣着要求整洁、大方、美观。这将给宴会增添隆重热烈的气氛。

若参加家庭宴会,可给女主人准备一份礼品,并在宴会开始前送给女主人。礼品价值不一定很高,但要有意义。

2. 按时抵达

按时出席宴会是最基本的礼貌。出席宴请活动,抵达时间的早晚、逗留时间的长短,在一定程度上反映了对主人的尊重,应根据活动的性质和当地习俗掌握。迟到、早退、逗留时间过短会被视为失礼或有意冷落。身份高者可略晚些到达,一般客人宜略早些到达。出席宴会要根据各地习惯,正点或晚一两分钟抵达;中国则是正点或提前一两分钟抵达。出席酒会可以在请柬注明的时间内到达。抵达宴会活动地点,先到衣帽间脱下大衣和帽子,然后前往迎宾处,主动向主人问候。如果是庆祝活动,应表示祝贺。对在场其他人,均应点头示意,互致问候。

3. 礼貌入座

应邀出席宴会活动,应听从主人安排。若是宴会,在进入宴会厅之前要先掌握自己的桌次和座位。入座时注意桌上座位卡是否写有自己的名字,不可随意入座。如邻座是长者或女士,应主动帮助他们先坐下。入座后坐姿要端正,不可用手托腮或将双臂肘放在桌上。坐时应把双脚踏在本人座位下,不可随意伸出,影响他人。不可玩弄桌上的酒杯、盘碗、刀叉、筷子等餐具,不要用餐巾或纸巾擦餐具,以免使人认为餐具不洁。

在社交场合,无论天气如何炎热,都不可当众解开纽扣,脱下衣服。小型便宴时,若主人请宾客宽衣,男宾可脱下外衣搭在椅背上。

4. 注意交谈

坐定后,如已有茶,可轻轻饮用。无论作为主人、陪客或宾客都应与同桌的人交谈,特别是左邻右座,不可只与几位熟人或一两人交谈。若不相识,可自我介绍。谈话要掌握时机,具体视交谈对象而定。不可只顾自己一人夸夸其谈,或谈些荒诞离奇的事而引人不悦。

5. 文雅进餐

宴会开始时,一般是主人先致祝酒词。此时应停止谈话,不可吃东西,注意倾听。致辞完毕,主人招呼后,即可开始进餐。

进餐时要注意举止文雅,取菜时不可一次盛得过多。盘中食物吃完后如果不够,可以再取。

用餐前应先将餐巾打开铺在腿上。用餐毕叠好放在盘子右侧,不可放在椅子上,亦不可叠得方方正正而被误认为未使用过。餐巾只能擦嘴,用时一手捏住一面的上端,另一手相助。餐巾不能用于擦面、擦汗。服务员送的香巾是用来擦面的,擦毕放回原盛器内。

若遇到不能吃或不爱吃的菜品,当服务员或主人夹菜时,不可打手势,不可拒绝,可取少量放入盘中,并表示"谢谢,够了"。对不合口味的菜,勿显出难堪的表情。在给宾客让菜时,要用公用餐具主动让,切不可用自己的餐具让菜。

冷餐酒会,服务员上菜时,不可抢着去取,待送至本人面前时再取。周围的人未取到第一份时,自己不可急于去取第二份。勿围在菜台旁,取完即离开,以便让别人取食。

吃食物要讲究文雅,要微闭着嘴咀嚼,不可发出声响。要将食物送进口中,不可伸口去迎食物。食物过热时,可稍凉后再吃,切勿用嘴吹。鱼刺、骨头、菜渣等不可直接外吐,要用餐巾掩嘴,用筷子取出,或轻吐在叉匙上,放在碟中。嘴里有食物时不可谈话。剔牙时,要用手绢或餐巾遮口,不可边走动边剔牙。吃剩的菜,用过的餐具、牙签等应放在碟中,勿放置桌上。

6. 学会祝酒

作为宾客参加外方举行的宴请,应了解对方祝酒的习惯,如为何人、何事祝酒等,以便做必要的准备。碰杯时主人和主宾先碰,人多时可同时举杯示意,不一定碰杯。祝酒时不可交叉碰杯。在主人和主宾致辞祝酒时应停止进餐,停止交谈。主人和主宾讲话完毕与贵宾席人员碰杯后,往往会走到其他席敬酒,此时应起立举杯。碰杯时要注视对方,以示敬重友好。宴会上相互敬酒表示热烈的气氛,但切忌饮酒过量,更不可因饮酒过量失言、失态。不能喝酒时可以礼貌地声明,但不可把杯子倒置,应轻轻按着杯缘。正式场合敬酒一般上香槟酒,此时即使不会喝酒也要多沾一点,不欲再喝时可轻轻再与对方碰一下杯缘,即表示已经够了。一般倒入杯中的酒要喝完,不然就不礼貌了。

7. 告辞致谢

正式宴会在吃完水果后即告结束。此时,先由主人向主宾示意,请其做好离席的准备,然后从座位上站起,这是请全体起立的信号。一般以女主人的行动为准,女主人先邀请女主宾离席退出宴会厅。告辞时应礼貌地向主人道谢。通常是男宾先向男主人告辞,女宾再向女主人告辞,然后交叉,再与其他人告辞。

席间一般不应提前退席。若确实有事须提前退席,应向主人打招呼后轻轻离去,也可事前打招呼到时离去。退席时要有礼貌,退席理由应当尽量不使主人难堪和心中不悦。从宴会结束到告辞前不可有任何不耐烦的表示。

对主人的致谢,除了在宴会结束告辞时表达谢意之外,若正式宴会,还可在两至三天内寄送印有"致谢"或"P.R"字样的名片或便函表示感谢。有时私人宴请也须致谢,名片可寄送或亲自送达。首先致谢女主人,但不必说过谦的话。

(四)吃西餐的礼仪

西餐是西方国家的一种宴请形式。由于受民族习俗的影响,西餐的餐具、摆台、酒水菜点、用餐方式、礼仪等都与中餐有较大差别。目前由于我国对外交往活动的不断增多,西餐也已成为我国招待宴请活动的一种方式。因此,了解西餐的一般常识和礼仪是十分重要的。

西餐的餐具多种多样。常见的西餐餐具有叉、刀、匙、杯、盘等。

摆台是西餐宴请活动中的一项专门的技艺，也是必不可少的一个礼仪程序。它直接关系到用餐过程、民族习俗和礼仪规范等。西餐的摆台因国家的不同也有所不同，常见的有英美法式和国际式西餐摆台。这里我们介绍一下国际式西餐摆台。

国际上常见的西餐摆台方法是：座位前正中是垫盘，垫盘上放餐巾（口布）。盘左放叉，盘右放刀、匙，刀尖向上、刀口朝盘，主食靠左，饮具靠右上方。正餐的刀叉数目应与上菜的道数相等，并按上菜顺序由外至里排列，用餐时也从外向里依序取用。饮具的数目类也应根据上酒的品种而定，通常的摆放顺序是从右起依次为葡萄酒杯、香槟酒杯、啤酒杯（水杯）。

吃西餐时，应注意掌握以下几个方面的礼仪。

1. 上菜顺序

西餐上菜的一般顺序是：① 开胃前食；② 汤；③ 鱼；④ 肉；⑤ 色拉；⑥ 甜点；⑦ 水果；⑧ 咖啡或茶等。菜肴从左边上，饮料从右边上。

2. 餐巾使用

入座后先取下餐巾，打开，铺在双腿上。如果餐巾较大，可折叠一下，放在双腿上，切不可将餐巾别在衣领上或裙腰处。用餐时可用餐巾的一角擦嘴，但不可用餐巾擦脸或擦刀叉等。用餐过程中若想暂时离开座位，可将餐巾放在椅背上，表示你还要回来；若将餐巾放在餐桌上表示你已用餐完毕，服务员则不再为你上菜。

3. 刀叉使用

吃西餐时，通常用左手持叉、右手持刀。用叉按住食物，用刀子切割，然后用叉子叉起食物送入口中，切不可用刀送食物入口。如果只使用叉子，也可用右手使用叉子。使用刀叉时应避免发出碰撞声。用餐过程中若想放下刀叉，应将刀叉呈"八"字形放在盘子上。用餐完毕，则应将刀叉并拢放在盘子内。

4. 用餐礼节

当全体客人面前都已上完菜，主人示意后再用餐，切不可自行用餐；喝汤时不要发出声响；面包要用手去取，不可用叉子去取，也不可用刀子去切，面包应用手掰着吃；吃色拉时只能使用叉子；用餐过程中，若须用手取食物，要在西餐桌上事先备好的水盂里洗手（沾湿双手拇指、食指和中指），然后用餐巾擦干，切不可将水盂中的水当成饮用水喝掉；避免在用餐时剔牙，若非剔不可，必须用手挡住嘴；当服务员依次为客人上菜时，一定要等到服务员走到你的左边时，才轮到你取菜，如果在你的右边，不可急着去取；吃水果不可整个咬着吃，应先切成小瓣，用叉取食；若不慎将餐具掉在地上，可由服务员更换；若将油水或汤菜溅到邻座身上，应表示歉意，并由服务员协助擦干。

刘小姐和一位姓张的男士在一家西餐厅就餐，小张点了海陆大餐，刘小姐则点了烤羊排。主菜上桌，两人的话匣子也打开了，小张边听刘小姐聊起童年往事，一边吃着海鲜，心情

愉快极了。正在陶醉的当口,他发现有根鱼骨头塞在牙缝中,让他不舒服。小张心想,用手去掏太不雅了,所以就用舌头舔,舔也舔不出来,还发出啧啧喳喳的声音,好不容易将它舔吐出来,就随手放在餐巾上。之后他在吃虾时又在餐巾上吐了几口虾壳。刘小姐对这些不太计较,可这时小张想打喷嚏,拉起餐巾遮嘴,用力打了一声喷嚏,餐巾上的鱼刺、虾壳随着"风势"飞出去,其中的一些正好飞落在刘小姐的烤羊排上,这下刘小姐有些不高兴了。接下来,刘小姐话少了许多,菜也没怎么吃。

六、其他会务礼仪

(一)茶话会礼仪

茶话会是中国传统的聚会方式。一般属于非正式的类型,由民间自发组织或形成。比如一伙熟人聚在一起聊天,这家主人自然会给每位客人敬上一杯茶。大家边喝边说,热热闹闹,十分惬意。谈话一般也没有固定的议题。现在很多组织经常利用这一形式进行日常沟通,所以熟悉茶话会的礼仪是必要的。

1. 饮茶的礼仪

在中国,饮茶不仅是一种生活习惯,还是一种源远流长的文化传统,即茶文化。饮茶也有许多礼仪,在日本形成了茶道。现以中国的"工夫茶"为例介绍饮茶的礼仪,共分十个步骤:嗅茶,主要向客人介绍茶叶品种、特点、风味,客人传递嗅赏;装茶,用茶匙装,切勿用手抓;润茶;冲泡;浇壶;温杯;运茶,茶泡好后,将茶壶提起在茶船边巡行数周,以免壶底水珠滴入茶盅变味;倒茶,将茶盅一字排开,来回冲注,以免浓淡不均;敬茶;品茶。

2. 茶话会的准备

正式的茶话会一般有主办单位或主办人,事先要发通知或请柬给被邀请人,其举办地是会议厅、客厅或花园里。正式茶话会除了备有足够茶水之外,一般还备有水果、糕点、瓜子、糖果等。召开茶话会多在节日,如五一节、五四青年节、中秋节、国庆节、元旦等,借节日之题而发挥,一般是采用漫谈形式,无中心议题。在正式茶话会上的中心议题可以是祝贺、发感慨、谈感想、作总结、提建议、谈远景,也可以吟诗作唱,畅叙友谊,无固定格式,气氛也比较活跃、轻松、自由。

举办茶话会时,除了准备上好的茶叶之外,还应注意擦净茶具。茶具一般以泥制茶具和瓷制茶具为最佳,其次是玻璃茶具和搪瓷茶具。在中国,泡茶一般不加其他东西,但某些民族以及西方国家喜欢在泡茶时加上牛奶、白糖、柠檬片等。有的茶话会还准备咖啡等饮料。

正式茶话会简便易行,在服饰上没有什么严格规定或特殊要求。

正式茶话会上有主办人和有关领导。主办人要负责对来宾的迎送和招呼,主持会议;有关领导也常常以一个普通与会者的身份发言。茶话会不排座次,宾主可以随意交谈。

3. 茶话会的举行

茶话会开始时,一般由主办人致辞,讲话应开宗明义地说明茶话会宗旨,还要介绍与会单位代表或个人,为交流和谈话创造适宜的气氛。

茶话会主持人要随时注意来宾在茶话会上的反应,随时把话题引导到大家都感兴趣的问题或轻松愉快的话题上。参加茶话会的每一个人都有义务维护茶话会的气氛,不使茶话会冷场,也不可使秩序太乱。

有人讲话时,要专心致志地倾听,不要随意打断他人的话,也不可显露烦躁,心不在焉,更不要妄加评论他人的话。自己发言的时候,用词、语气、态度要表现出文明礼貌修养,神态要自然有神,仪态要端庄大方。样子过分拘谨或造作会使人不快。发言时口里应停止咀嚼食物,更要防止发言时嘴角上留残渣。

自由交谈时不要独座一隅,纹丝不动,而应与左右交谈,尽快找到共同的话题,打破僵局,融洽气氛。

幽默风趣的语言在茶话会上是受欢迎的,但要避免乱开玩笑,伤害他人自尊;行为举止也不能无约束,随便走动,推推搡搡,场面就被搅乱了。

茶话会结束时,来宾应向主人道别,也要和新朋友、老相识辞行。不要中途退场或不辞而别。

茶话会应讲究实效,时间不宜过长,以1至2小时为宜。

茶话会不带任务,但追求气氛与聚会的效果。通过与会者的交谈、畅叙,汇之以坐在一起喝茶时共同创造的氛围,来感受他人的思想感情,增进相互间的了解和友谊。

(二) 座谈会礼仪

邀请有关人员就某一个或某些问题召开会议,收集对某一个问题的反映,就某些方面的问题发表看法,是座谈的形式。座谈会要注意以下礼仪:

1. 发送通知

会议通知要发送及时,至少在开会的前一天发到与会者手中,因为座谈会大都要求与会者发言,早一天接到通知可以稍作准备。会议通知上要写明召开座谈会的时间、详细地点、座谈内容、举办单位名称等。如果用电话通知,最好与参加者本人通电话,以示郑重;如果托人转告,则不要忘了告知座谈会的主题,以免与会者懵懂而去,打无准备的仗,发生尴尬,这对与会者将是失礼的。

2. 会前礼仪

座谈会座位的安排,一般是与会者围圈而坐,主持人也不例外,以便创造一种平等的气氛。如果与会者互相大多不认识,主持人应该一一进行介绍,或引导他们做自我介绍,以融洽会议气氛。

3. 会中礼仪

座谈会开始时,主持人应首先讲明会议的主题以及被邀请者的类别,即为什么邀请与会者来参加座谈会,以使与会者了解自己与这个座谈内容的联系,明确自己对座谈会的重要性,更积极主动地进入角色。如果一开始时有冷场现象,主持人可以引导大家先从话题外围谈起,然后逐步逼近座谈会主题。采取点名的方法请某人先发言,是不得已而为之的。

在座谈会上发言,话不在长短,而在于发言中所包含的信息量。发言时鼓励大家插话和讨论,但插话时切忌不着边际,也不要用反唇相讥、唯我独尊的方法和态度发言。要多用探讨、商榷的口气,即使有争论,也要保持冷静,而不是使用冲动和粗暴的语言。

4. 结束礼仪

座谈会结束时,主持人应总结归纳大家的发言,并对大家发言提供的内容(信息)、态度(表现)做出诚恳的肯定,表示座谈会对于某项工作有积极的作用。最后,要向大家表示感谢。

(三) 电视电话会议礼仪

电视电话会议是通过摄像及电视图像传输和声音传输来沟通与会者,并使与会者实现异地同时互相交流。电视电话会议一般设有主会场和分会场,领导出席的会场或主要向外发布传输信息的会场等。居于支配地位的会场设为主会场,其他会场为分会场。

电视电话会议的好处是可以省去旅途奔波的时间、节省住宿与餐饮的会议费用开销,有时还可以避免会议中激烈的辩论和紧张的气氛,不足之处是它终究无法取代人们在同一空间内进行面对面的思想交流的临场感以及情绪影响的真实性。电视电话会议依赖现代通信系统中的电话系统以及摄像技术,具有共时性和跨越空间的特点。参加电视电话会议要注意下列礼仪:

1. 重视个人形象

通过摄像机所展现的自己与平常的样子有很大的不同,也就是通常所说的"上像",因此,要注意个人的衣着打扮等外在形象。一般来说,服装通过摄像镜头会产生放大效果,所以男士穿着花格子的西装上衣,看起来就会显得十分刺眼。若不重视穿着打扮,在荧幕上会显得十分不得体。那些不习惯镜头的人,常会显得姿态僵硬、神情不自然,或者常常变换姿势,显出一副坐立不安的样子。

2. 注意说话声音

电视电话会议上的讲话和发言,不仅本会场在听,还同时通过话筒和通信网络传送到其他各个会场。由于话筒声音敏感,讲话人在讲话中与话筒的距离及角度发生细微变化,都会造成一定程度声音失真,经过信号放大,声音失真随之放大,使外场收听者听到的声音忽大忽小。这种现象尽管难以避免,但在讲话发言中要尽量克服。

3. 避免习惯动作

面对摄像镜头,参加会议者的任何表现,都会被客观记录下来:有的人老是打断别人的发言,有的人不耐烦地在纸上乱画,有的人搔头发,有的人咬指甲,有的人交头接耳,有的人东张西望。这些个人习惯动作变成电视画面,显得很不雅、很失礼,应尽量控制自己,尽量避免。如果身在主会场,或自己是会议主角,就更应该注意这些细节。

（四）交际舞会礼仪

交际舞会会场是高雅文明的场所，是较能充分表现和体验一个商务人员的风采和修养的地方，所以也应该注意自己的行为举止。

1. 注重仪表

好的仪表和着装，既体现自己的优雅风度，也是对他人的一种尊重。在西方，男士参加正式交谊舞会的传统着装是白领结、燕尾服。没有燕尾服时会穿半正式晚礼服；女性的礼服总是很长的裙装，而且极其高雅。在中国，男士可穿笔挺的西装，夏天可穿衬衫配西裤；女性可穿裙装，不能穿工作服、牛仔裤、背心、短裤等过于随便的衣服，这会与整个舞会的气氛不和谐。

2. 口气清新

参加舞会前的饮食，要避免大蒜、酒等气味强烈的食物。已经吃了应设法进行必要的处理，以清洁口腔。参加舞会时要有一份好的心情，好的精神，悦人悦己。跳舞时，男女双方要面带微笑，说话和气。

3. 邀舞有礼

即使彼此不相识，但只要参加了舞会，无论是男士还是女士，都可以互相邀请。通常由男士主动邀请女士共舞，体现绅士风度。同时，男士要有意识地照顾在场的每一位女士，尽量不要让某一位女士孤寂地坐在舞场一角，郁郁寡欢。当男士有意邀请一位素不相识的女士跳舞时，须先观察她是否已有男伴，如有一般不宜去邀请，以免发生误解。当男士邀请舞伴时，要整理好自己的服装，把手擦干净，庄重地走到女士面前，面带笑容、表情自然、举止大方、弯腰鞠躬，做个"请"的手势，同时轻声说："想请您跳个舞，可以吗？"征得同意后，共同步入舞池。不要没等对方表示愿不愿意，就伸手去拉对方。参加舞会时，受邀请者也应当落落大方，如果决定拒绝别人的邀请，更要注意文明礼貌，不要伤害对方的自尊心，千万不要不理不睬或恶语伤人。如果女士已先答应和别人跳这场舞，应当向迟来的男士真诚地表示歉意，说："对不起，已经有人邀请我跳了，等下一次吧。"如果女士决定谢绝男士邀舞，应当婉转地说："对不起，我累了，想休息一下。"或者说："我不大会跳，真对不起。"以此来求得对方的谅解。已经婉言谢绝别人的邀请后，一曲未终时，女士不宜同别的男士共舞，否则，会被认为是对前一位邀请者的蔑视，这是很不礼貌的。

 礼仪拓展

茶叶的种类

中国茶叶品种繁多，大体上可归纳为以下五大类：

绿茶。较为著名的有龙井茶、碧螺春茶、六安瓜片茶、蒙顶茶、君山针叶茶、黄山毛峰茶、

庐山云雾茶等。

红茶。驰名中外的有安徽的"祁红"、云南的"滇红"和广东的"英红"。

乌龙茶。又称清茶,较为著名的有福建的"武夷岩茶""黄金贵茶",安徽的"铁观音",广东的"凤凰单枞"。

白茶。是以鲜花窨制茶叶而成的再加工茶,这是中国的特产,其主要种类有茉莉花茶、珠兰花茶、玉兰花茶、玫瑰花茶等。

黑茶。较为著名的有普洱茶、六堡茶等。

 思考与训练

1. 如何准备洽谈会?
2. 洽谈会上有哪些礼仪规范?
3. 如何准备发布会?
4. 发布会结束后还有哪些工作要做?
5. 展览会的特点是什么?应注意哪些礼仪?
6. 赞助会有哪些礼仪?
7. 作为观众,参加联欢会应注意哪些礼仪?
8. 如何准备宴会?
9. 赴宴应注意哪些礼仪?
10. 如何进行宴会的桌次、座次安排?
11. 吃西餐的礼仪有哪些?

项目五 表演礼仪

项目目标：作为表演专业的学生，舞台就是我们未来的战场，如何自信地站在舞台上展示我们最美、最好的一面，是我们面临的最大挑战。通过学习化妆、表情、体态等礼仪，可以在社会大众面前展现出一个成熟的表演艺术工作者的风采和魅力。

任务一 化妆礼仪

案例引入

女人都想通过化妆来提升自己的魅力，但化妆技术欠佳，也可能弄巧成拙，造成事倍功半的效果。让我们来看看最糟糕的化妆到底是什么样的吧！

眼部用了紫色，脸部和颈部形成两个颜色的鲜明对比。不仅人显得苍白毫无光彩，眼睛更显浮肿。注意紫色在眼部一定要慎用。

淡蓝色的眼妆用黑色眼线和睫毛膏强调了眼部轮廓，却没有使用眼影进行很好的过渡，细长的眉毛没有起到修饰的作用，甚至有些吓人。

礼仪解读

面部是人体最为动人之处，是人真正的"门面"。面部也是人暴露在外时间最长的部位之一，岁月沧桑会在脸上毫不留情地留下印记，因此，面部是仪容修饰最重要的环节之一。从表演艺术从业者自身而言，拥有良好的外在形象是获取导演的信任、赢得观众的认可和兴趣的最基本的条件。

一、化妆的基本步骤

1. 粉底

粉底的作用主要是均匀面部肤色，所以要选择与自己肤色接近的颜色，要注意脸与脖子的衔接，可以选择和脖子颜色相同的粉底，就不会出现面具脸了。平时化妆可以用粉底液，根据自己面部的情况选择含油或不含油，尽量不要用膏状粉底，打不好会显得底妆很厚重。有些女生脸上有痘痘，觉得用膏状粉底打厚一点就可以遮住，如果是很平的痘印，遮盖力较强的粉底液就可以遮住，如果是突出的痘痘或凹凸不平的痘印，粉底越厚越明显。

2. 眉毛

日常妆时用眉刷来修饰眉毛。使用比眉色浅一号的眉粉，利用眉刷从眉头至眉尾顺向刷过，注意要按照原有的眉形淡淡描画，不必刻意修饰，眉毛的颜色可以与发色协调一致。

小技巧：眉毛过于稀疏的女生可以利用睫毛膏来达到丰满自然的效果，但要记住睫毛膏的量不宜过多，刷的时候睫毛刷上略带一点点睫毛膏即可，顺着睫毛生长的方向轻刷而过。记得颜色要选对，肤色白的可以选择咖啡色系的睫毛膏。

3. 眼睛

眼部化妆强调眼影和眼线。用毛刷轻扫眼影粉，使不同颜色的眼影粉刷得更加均匀。然后，在眼线内侧涂上较深的眼影，以衬托鼻子的线条，这是东方人脸型常用的一种技巧。用黑色眼线笔描画，采用上眼线后2/3，下眼线后1/3的画法，然后用棉花棒或细小的眼影刷轻轻晕开，看起来效果更加自然；如果睫毛浓密可以省略眼线，只在眼尾处扫些眼线。

4. 睫毛的修饰

清亮的眼神需要纤长的睫毛陪衬，想让眼睛看起来更迷人，睫毛膏必不可少。准备大小不一的两支睫毛夹，先用大号的睫毛夹夹卷整个睫毛，再用小号的睫毛夹将眼角不易夹到的睫毛夹翘。先用白色膏刷Z字型刷出一根一根的加密效果，然后刷睫毛的头部，加长。等白色膏稍微干一会儿，再用黑色膏刷Z字型，注意由上至下刷。

小技巧：夹睫毛的时候，可先用吹风机把睫毛夹加热后再夹，睫毛会更翘更持久。还有一种方法是，把木制棉棒用打火机烤一下木棒部分，在睫毛下向上撑起停留一会儿，就会有类似电睫毛的效果。

5. 面颊腮红

打上腮红，能使整个脸部显得柔美自然，也能使颧骨显得突出。然后再用同色腮红轻扫太阳穴部位,便可使面部色彩显得浓淡和谐。以脸颊为半径往耳方向打腮红,显自然大方;以脸颊为半径扫圆画腮红,显可爱动人。

二、常用化妆技巧

1. 紧贴肌肤的粉底

紧贴肌肤的粉底可使出色的彩妆更完美。方法很简单,先把微湿的化妆海绵放到冰箱里,几分钟后,把冰凉的海绵拍在抹好粉底的肌肤上,你就会觉得肌肤格外清爽,彩妆也显得特别清新。

2. 清凉的眼药水

缺乏睡眠会使你的双眼看来非常疲倦,布满血丝。这时可以滴上一两滴具有缓和疲劳效果的眼药水,使眼部毛细血管充血、破裂的病状得到舒缓。但眼药水不是越多越好,过多可能会出现不良的效果。

3. 管用的眉粉

如果你总觉得拿着眉笔的手不听使唤,画不出令人满意的眉毛,不妨做个新尝试:用眉笔在手臂上涂颜色,再用眉刷蘸上颜色,均匀地扫在眉毛上,你会惊喜地得到更为自然柔和的化妆效果。

4. 冷毛巾

红肿的双眼、鼓鼓的眼袋使你显得无精打采。别慌,把冷毛巾和热毛巾交替敷在双眼上十分钟,再用冰毛巾敷一会儿,疲倦不堪的双眼就会恢复神采。

5. 桌上平放小镜子

描画细致眼线对你来说可能是一大难题,但其实也不难。先把手肘放在一个固定的地方,比如化妆台,再在桌上平放一面小镜子,让双眼朝下望着镜子,就可以放心描画眼线了。

6. 白色眼线笔

眼睛是心灵之窗,大而明亮的双眸往往给人留下深刻的印象。可以尝试用白色的眼线笔来描画眼线,会使一双眼睛显得更大更有神采。

7. 喷雾保湿水

化妆完毕,从离开面部一手臂的距离往脸上喷保湿水,可以使妆容更加持久。

三、化妆的注意事项

(1)用刷子适当沾一点化妆水,会有利于粉底液更均匀、贴合地附着在脸上。上底妆要达到均匀透明的效果,便于涂抹的粉底液是首选。如果使用粉底刷代替传统的用手或粉扑来上妆,粉底液会更容易且均匀、紧密地附在脸上。

(2)妆面容易被破坏的鼻头和鼻翼部位要小心处理。先用手指沾些粉底液涂在刷子的一面,然后在脸的一侧由内而外涂开,再用未沾粉的那一面轻扫以使粉底涂抹均匀。要不破坏妆容,关键在于不能涂得太多太厚。

(3)额头须呈放射状涂抹,细小部位用刷子尖涂开。涂抹额头时注意要先从眉间开始,也是由内而外,从眉间至发际呈放射状涂开,并且涂匀。最后再在鼻梁上由上至下轻刷,将粉底液涂抹均匀。要注意的是,鼻翼、眼睛下方和唇部周围等较易残留保湿乳液的地方,须用刷子尖轻轻涂抹开来,否则会有凝结的色块。

（4）提高粉底液与皮肤的贴合感，海绵可防止底妆被破坏。用粉底刷将粉底液均匀地涂开后，再用海绵在脸上轻轻地扑按，将其擦匀并消除刷子刷过的痕迹。这是打造自然底妆的一道重要步骤，不可忽略。通过轻轻地扑按，使粉底液和脸部肌肤高度贴合，进一步防止妆容被破坏，使妆效更加持久。另外，用海绵的一角对鼻翼两侧容易堆积粉的地方做些细微调整。要知道创造质感底妆的原则不只是一个劲儿地涂抹，而是要在涂抹后消除不均匀的痕迹，使各部分完全融合。

（5）细细涂抹遮瑕膏，消除眼睛下方的阴影。化过妆的人都知道，时间长了，眼部下方很容易出现暗沉，因而在上底妆的时候须先用遮瑕膏将这种暗影完全消除。用于活动频繁的眼睛下方的遮瑕膏，最好选择延展性好并能高度贴合皮肤的产品。先用遮瑕膏在眼睛和颧骨之间的部位画几笔，然后用手指轻轻涂开、涂匀。让这个三角地带变得明亮起来，是使整个面部皮肤呈现均匀光泽感的关键。

（6）上眼皮也要打一层薄薄的底妆。

四、化妆禁忌

（1）化妆工具必须保持清洁，性质温和的洗发水可以用来清洗化妆刷，再用少量的护发素可以同时令刷毛柔软。用温水稀释清洁剂来清洗旧眉刷，是使眉刷迅速恢复原貌的最好方法。

（2）配戴眼镜会影响你的化妆效果，戴近视眼镜会使双眼显得细小，适宜选明亮的色彩；配戴远视眼镜镜片会放大双眼和化妆效果，这时适合选择偏暗哑的眼部色彩。另外，层次分明的眼影和工整的眉形可以有效地修饰面容。

五、不同脸型化妆技巧

脸部化妆一方面要突出面部五官最美的部分，使其更加美丽；另一方面要掩盖或矫正有缺陷或不足的部分。经过化妆品修饰的美有两种：一种是趋于自然的美，一种是艳丽的美。前者通过恰当的淡妆来实现，给人以大方、悦目、清新的感觉，最适合在家或平时上班时使用；后者通过浓妆来实现，给人以庄重高贵的印象，可出现在晚宴、演出

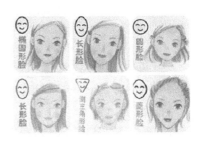

等特殊的社交场合。无论是淡妆还是浓妆，都要利用各种技巧，恰当使用化妆品，通过一定的艺术处理，达到美化形象的目的。

1. 椭圆脸化妆

椭圆脸是公认的理想脸型，化妆时宜注意保持其自然形状，突出其可爱之处，不必通过化妆去改变脸型。胭脂，应涂在颊部颧骨的最高处，再向上、向外揉化开去。唇膏，除嘴唇唇形有缺陷外，尽量按自然唇形涂抹。眉毛，可顺着眼睛的轮廓修成弧形，眉头应与内眼角对齐，眉尾可稍长于外眼角。椭圆脸在化妆时一定要找出脸部最动人、最美丽的部位，而后突出之，以免给人平平淡淡、毫无特点的印象。

2. 长脸型化妆

长脸型的人,在化妆时要力求增加面部的宽度。胭脂,应注意离鼻子稍远些,在视觉上拉宽面部,抹时可沿颧骨的最高处与太阳穴下方所构成的曲线部位,向外、向上抹开去。粉底,若双颊下陷或者额部窄小,应在双颊和额部涂以浅色调的粉底,造成光影,使之变得丰满一些。眉毛,修正成弧形,切不可有棱有角,眉毛位置不宜太高,眉毛尾部切忌高翘。

3. 圆脸型化妆

圆脸型人可爱、玲珑之感,若要修正为椭圆形并不十分困难。胭脂,可从颧骨起始涂至下颌部,注意不能简单地在颧骨突出部位涂成圆形。唇膏,可在上嘴唇涂成浅浅的弓形,不能涂成圆形的小嘴状,以免有圆上加圆之感。粉底,可用来在两颊造阴影,使圆脸消瘦一点,选用暗色调粉底,沿额头靠近发际处起向下窄窄地涂抹,至颧骨下可加宽涂抹的面积,造成脸部亮度自颧骨以下逐步集中于鼻子、嘴唇、下巴附近部位。眉毛,修成自然的弧形,可作少许弯曲,不可太平直或有棱角,也不能过于弯曲。

思考与训练

假设你获奖了,要参加颁奖典礼,你该如何化妆?

礼仪拓展

如何选择合适的发型

1. 发型要与脸型协调

人的诸多脸型中,鹅蛋脸属标准型,可以做任何发型。设计发型时,应针对脸型处理发式,进行平衡和调整,才能弥补脸型的不足,创造美丽和适宜的效果。

2. 发型要与年龄符合

年长者要体现端庄、稳重,比较适宜短发或盘发,给人以温和可亲的感觉;年轻人则要注重整洁、大方与别致,比较适宜盘发、扎辫子、短发、长发等。

任务二 着装礼仪

案例引入

电视剧《女警本色》中,荣家举行慈善晚宴,当荣先生携荣太太出场时,中外来宾无不惊叹荣太太的礼服高贵、漂亮,荣太太因此非常得意。在各种场合、各种活动中,特别对于女士来说,得体的服装就是一个人的脸面和无名字的名片!

【分析提示】

莎士比亚曾说:"服饰往往可以表现人格。"在人际交往中,服饰在很大程度上反映了一个人的社会地位、身份、职业、收入、爱好及一个人的文化素养、审美品位等。即使我们沉默不语,我们的衣着与体态也会泄露我们过去的经历,服饰一直被认为是传递人的思想情感的"非语言信息"。服饰的礼仪文化往往体现着一个人的素养与内涵。

礼仪解读

一、着装的三大类

1. 职业类

职业场合着装分为严肃职场和非严肃职场。严肃职场包括正式商务场合;非严肃职场又称为一般职场,包括非严肃类的商务拜访等。严肃职场适合表现思维冷静、严谨的形象;非严肃职场适合既表达职业感又表达亲和力,营造友好的、开放的、互相尊重的、思路清晰的印象。

2. 休闲类

休闲装是最能表现个性和时尚的服装,着装的秘诀在于巧妙多变的搭配技巧。根据身处场所与服装功能分为:时尚休闲、家居休闲和运动休闲。

3. 正式社交类

(1)正式社交场合男士着装的基本要求。在重要会议和会谈、庄重的仪式以及正式宴请等场合,男士一般以西装为正装。一套完整的西装包括上衣、西裤、衬衫、领带、腰带、袜子和皮鞋。

● 上衣。衣长刚好到臀部下缘或差不多到手自然下垂后的大拇指尖端的位置,肩宽以探出肩角2厘米左右为宜,袖长到手掌虎口处。胸围以系上纽扣后,衣服与腹部之间可以容下一个拳头大小为宜。

● 西裤。裤线清晰笔直,裤脚前面盖住鞋面中央,后至鞋跟中央。

● 衬衫。长袖衬衫是搭配西装的唯一选择,颜色以白色或淡蓝色为宜。衬衫领子要挺括;衬衫下摆要塞在裤腰内,系好领扣和袖扣;衬衫领口和袖口要长于西服上装领口和袖口1至2厘米;衬衫里面的内衣领口和袖口不能外露。如果西服本身是有条纹的,应搭配纯色的衬衫;如果西服是纯色,则衬衫可以带有简单的条纹或图案。

● 领带。领带图案以几何图案或纯色为宜。系领带时领结要饱满,与衬衫领口吻合要紧;领带长度以系好后

大箭头垂到皮带扣处为准。

● 腰带。材质以牛皮为宜,皮带扣应大小适中,颜色以黑色为宜,样式和图案不宜太夸张。对于腰围较大的男士,可改用吊带将裤子固定住。

● 袜子。袜子应选择深色的,切忌黑皮鞋配白袜子。袜口应适当高些,以坐下跷起腿后不露出皮肤为准。

● 皮鞋。选择造型简单规整、鞋面光滑亮泽的式样。深蓝色或黑色的西装,可以配黑色皮鞋;咖啡色系西装,可以穿棕色皮鞋。压花、拼色、蛇皮、鳄鱼皮和异形皮鞋,不适于搭配正式西装。

特别提示:西装应在拆除袖口上的商标之后才可以穿着。西装外套上的口袋只是装饰性的,一般不装东西。西装上衣里面最好不穿毛衣或毛背心,以更好地体现西装的层次感。站立状态时应将纽扣系好。双排扣的上衣,纽扣要全部系好。单排扣的上衣,三粒扣的以系中间一个或者上面两个为宜;两粒扣的应该系上面的一个扣;单粒扣的一定要系好。

(2)正式社交场合女士着装的基本要求。在重要会议和会谈、庄重的仪式以及正式宴请等场合,女士着装应端庄得体。

● 上衣。上衣讲究平整挺括,较少使用饰物和花边进行点缀,纽扣应全部系上。

● 裙子。以窄裙为主,年轻女性的裙子下摆可在膝盖以上3至6厘米,但不可太短;中老年女性的裙子应在膝盖以下3厘米左右。裙子里面应穿着衬裙。真皮或仿皮的西装套裙不宜在正式场合穿着。

● 衬衫。以单色为最佳之选。穿着衬衫应注意:衬衫的下摆应掖入裙腰之内而不是悬垂于外,也不要在腰间打结;衬衫的纽扣除最上面一粒可以不系上之外,其他纽扣均应系好;穿着西装套裙时不要脱下上衣而直接外穿衬衫。衬衫内应穿着内衣但不可显露出来。

● 鞋袜。鞋子应是高跟鞋或中跟鞋。袜子应是高筒袜或连裤袜。鞋袜款式以简单为主,颜色应与西装套裙相搭配。

特别提示:女士着装不要过于暴露和透明,尺寸也不要过于短小和紧身,否则会给人以不稳重的感觉。内衣不能外露、更不能外穿。穿裤子和裙子时,不要明显透出内裤的轮廓,文胸的肩带不能露在衣服外面。穿裙服时着丝袜,能增强腿部美感。腿较粗的人适合穿深色的袜子,腿较细的人适合穿浅色的袜子。不要选择鲜艳、带有网格或有明显花纹的丝袜。穿丝袜时,袜口不能露在裙子外面。

二、特殊场合着装

出席特殊场合如音乐会、酒会、晚会典礼等时,需要穿着礼服。

(一)礼服的分类

礼服通常分为大礼服和小礼服。参加各种晚宴时,小礼服会让你优雅又亲切,且方便、自然。在上台接受认可时,适合穿大礼服,很多人都羡慕明星走红地毯时光彩四射的感觉,那种场面真是集万众瞩目于一身,因为穿着大礼服才更加隆重,更像主角。

(二)不同场合穿着礼服的要点

(1)音乐会及歌剧院。进音乐会现场及歌剧院,要穿丝质礼服,丝质纤维对音乐的反射能让音乐的效果更加珠圆玉润。

(2)商务酒会。如果事先得知酒会的主题并不隆重,只是一个"聚谈派对",就不要弄得像个好莱坞明星一般。长至膝部的礼服裙,更能体现你的年轻、率真。

(3)在宾馆附设的西餐厅就餐。深V领的晚装别具优雅,设计上以简洁、不过分华丽张扬的小晚装比较合适。

(4)正规晚宴。正规晚宴的晚装可以隆重、性感,如果你喜欢成为焦点,长裙最能配衬气氛的隆重。

(三)穿礼服的注意点

(1)穿礼服的场合,把婚纱当礼服穿,或者用裙撑将下摆撑得很大,这是很失礼的事情。切记这是一定要避免的。

(2)穿礼服时,要注意避免让内衣露出来,记住事先一定要除去腋毛。

(3)用随身携带的发胶简单改变发型来配合换装,实现从职业装或休闲装到晚宴装的轻松过渡。

(4)当你不知道该如何搭配时,黑色与简洁永远是不错的选择。

 思考与训练

你的好朋友邀请你参加他的生日晚宴,地点设在五星级酒店,你该如何穿着才得体呢?

 礼仪拓展

如何鉴别西装的好坏

一看其衬里是否外露;二看其衣袋是否对称;
三看其纽扣是否缝牢;四看其表面是否起泡;
五看其针脚是否均匀;六看其外观是否平整。

任务三 谈吐礼仪

 案例引入

这是一则2012年8月23日的职位招聘信息广告。

职位信息

发布日期	2012-08-23	工作地点	北京	招聘人数	若干

职位标签:演员 兼职演员 专业演员 非专业演员 全职演员 角色演员 特约演员 广告演员 临时演员 舞蹈演员 群众演员
职位职能:演员/模特/主持人 培训生
职位描述:演员要求如下,大型古装戏《大唐盛世》在京紧急筹备,本剧将起用新人,急招大量专业、非专业演员。
1. 对影视艺术非常爱好、并有充分的信心和热情、有强烈的表演欲。
2. 有一定的表演天赋、敢于表现自我、勇于表演。
3. 谈吐优雅、普通话标准。
4. 能吃苦耐劳,无不良嗜好,上进心强。
5. 有自信心,具有较强的表现能力和理解能力。
6. 全职、兼职均可,相貌不限,只要符合剧中人物即可。
兼职群众:60~480/天,身高、年龄、性别、户籍均不限,有一定武术功底。
角色演员:1000~48000/集,女165cm以上,男173cm以上,专业院校毕业,经验丰富者优先。
特技演员:1800~8000/场,专业从事特技行业。女160cm以上,男165cm以上,表演经验不限。【提供食宿】
兼职特约:280~1800/天,女163cm以上,男168cm以上,表演专业,经验不限。【拍摄当天有工作餐】
武行替身:300~2500/场,习武5年以上,身高170cm以上。

广告中提到了谈吐优雅,怎么样的谈吐才能给人以优雅的感觉呢?
【分析提示】
古人说:"良言一句三冬暖,恶语伤人六月寒。"可见择言选语是何等的重要。令人"三冬"暖,重在语言含义上。鲁迅说:"语言有三美,意美在感心,音美在感观,形美在感目。"可见语言谈吐又是何等的重要。

 礼仪解读

让人感觉自然又优雅的谈吐该如何练成呢?

一、声音

声音在语言中的地位相当重要。语言情感的语音表现主要集中在有声语言上,以声传意、以声传情。谈吐礼仪要求人们在讲话时要用有魅力的声音,给人以美的享受。要使自己说话的声音充满魅力,起码要做到两点:一是要在乎自己说话的声音;二是每天不断地练习自己说话的声音。应从以下几个方面坚持不懈地努力:

1. 音量大小适中

讲话时声音不宜过高,音量大到让人听清即可。明朗、低沉、愉快的语调最吸引人,放低声音比提高嗓门声嘶力竭地喊,听起来让人感到舒适。所以语调偏高、音尖的人应该设法练习变为低调。当然这要把握适度,声音太低、太轻,不宜让人听清,那也不好。

2. 语调柔和

在社交场合中,以柔言谈吐为宜。尽可能使声音听起来柔和,避免粗糙尖硬的讲话,以理服人,而不是以声、以势压人。理直气和更能诚服于人。语言美是心灵美的语言表现。"有善心,才有善言",要掌握柔言谈吐,首先应加强个人的思想修养和性格锤炼。

3. 讲话速度快慢适中

讲话时,要依据实际情况的需要调整快慢,讲话速度不要过快(特别是有分量的谈话内容),应尽可能娓娓道来,给人以稳健的印象,也给自己留下思考的空间。

4. 抑扬顿挫

讲话时应注意音调的高低起伏、抑扬顿挫以增强讲话效果。应避免平铺直叙、过于呆板的音调,这种音调让人听着乏味,达不到预期的效果。任何一次讲话,速度的变化、音调的高低,抑扬顿挫,就像一首交响乐,搭配得当才能和谐动人。

二、谈吐原则

1. 明确的目的性原则

坚持"有意而言,意尽言止""话由旨遣"的原则,明确谈话目的,是取得成功交谈的前提条件。只有目的明确了,才知道应该准备什么话题和资料,采取何种谈话风格,运用哪些技巧,从而做到有的放矢、临场应变。如果谈话目的不明确,漫无边际,不仅浪费了时间,而且也是失礼的。所以谈话之前,预先想一想要获得的效果并为之努力,做好充分的准备工作是交谈成功的必备条件。

2. 对象性和适应性原则

谈话要有强烈的对象意识,适应语言表达的环境即适应语境,话因人异,根据谈话对象的年龄、性别、职业、社会地位、文化知识水平及思想状况区别对待。《汉书·艺术志·邓析》中有文:"夫言有术,与智者言,依于博;与博者言,依于辩;与辩者言,依于要;与贵者言,依于势;与富者言,依于豪;与贫者言,依于利;与勇者言,依于敢;与愚者言,依于说。"话讲得好不好,不仅要看话语是否恰到好处地表达了自己的思想感情,尤其还要看谈话内容是不是符合谈话对象的需要,对方是否乐于接受。好朋友碰到了不顺心的事,正在烦恼之中,这时,即使

开一个很小的玩笑,也可能引起不快,宜表同情,多加劝导;与残疾人相处,更不宜说有伤对方自尊的话;喜庆场合,谈些天灾人祸、某人去世等倒霉话题不会受人欢迎;遇到正办丧事的人,只应讲些节哀的劝慰话。总之,交谈中多谈些对方喜欢听的话总是相宜的,人喜则语言易入,包括提建议和提出批评更要讲究方式、讲究艺术,注意环境与场合,让对方心悦诚服地采纳、接受。

3. 分寸性原则

在人际交往中,谈话要有分寸,认清自己的身份,适当考虑措辞,哪些话该说,哪些话不该说,哪些话应该怎样说才能获得更好的交谈目的,是讲究谈话礼仪应注意的。同时还要注意,讲话尽量客观、实事求是,不夸大其词、不断章取义。讲话尽量真诚,要心存善意,尽量不说刻薄、挖苦别人的话,不说刺激、伤害别人的话。

4. 忌谈话题不谈不问

人家不打听的消息,别随口乱提;人家不提的问题,别信口分析,这也是谈吐礼仪要遵循的原则。交谈时,一般不要涉及疾病、死亡灾祸等不愉快的事情,如果对方主动谈起,应诚意地表示关心、同情,说些有节制的劝慰语。不谈那些荒诞离奇、黄色淫秽的传闻。年龄、婚姻、住址、收入、经历、信仰等属于个人隐私的问题,交谈中不该径直深入询问。对方不愿意回答的问题不要追问、不刨根问底,不经意间一旦提到对方反感的问题应表示歉意或立即转移话题。交谈时还应注意不直接批评长辈和身份高的人,注意亲疏有度,"交浅"不"言深"是一种交际艺术。

三、交谈艺术

在一切使人喜悦的艺术中,说话的艺术占第一位,只有通过它才能使被钝化的感官获得新的乐趣。谈吐礼仪是通过优化语言来提高表达效果的,这就是谈吐艺术。优化语言的具体方法可因人、因时、因地而异,其主要方法有委婉法、幽默法、模糊法和暗示法。

1. 委婉法

委婉是一种既温和婉转又能清晰明确地表达思想的谈话艺术。它的显著特点是"言在此而意在彼",能够诱导对方去领会你的话,去寻找那言外之意。从心理学的角度来看,委婉含蓄的话,不论是提出自己的看法还是向对方劝说,都能比较适应对方心理上的自尊感,使对方容易赞同,接受你的说法。有些话,意思差不多,说法稍有不同,给人感觉却大不一样,前者太直白,后者委婉动听了许多,让人容易接受。

如:谁——哪一位?

不来——对不起,不能来。

不能干——对不起,我不能做。

什么事——请问你有什么事?

如果不行就算了——如果觉得有困难的话,那就不麻烦你了。

2. 幽默法

"幽默"一词是英语 humour 的音译,起源于古罗马人的拉丁文,最初是一个医学术语,指人的体液。这个词演

变为美学范畴的一种特定含义,是十六世纪以后的事情。幽默是在一定的语言条件下,通过语言反常组合来实现的,它与讽刺、否定性滑稽的不同之处在于它所持的是温和与宽容的态度,而后者则是尖刻、辛辣的,不友好的。幽默和语言礼仪在目的和功能上是一致的。说到笑,人们自然会想到幽默,它是笑的精华,而幽默又不仅仅在于博人一笑,它是一个人智慧的表现,它充满着敏锐、机智、友善和诙谐,幽默有折射与引申,有喻世的针砭和讽刺,在会心的笑声中启人心智,让人在笑声中反省自己、感悟真谛。幽默之所以有力量,是因为幽默本身与智慧密切相关,莎士比亚说:"幽默和风度是智慧的闪现。"有幽默感的人大都是知识修养高、机智、聪慧的人。要成为一个富有幽默感的人不是很容易,要有自信、乐观、豁达、积极向上的性格,要有真诚善良、成人之美的品质和丰富渊博的知识。但要记住:幽默是生活中的调味品而非食物。幽默多一分便成油滑,少一分则成做作。

3. 模糊法

模糊,是自然界中物体类别之间的一种客观属性,这种客观属性,导致了人们认识中关于对象、类属、边界和情态的不确定性。模糊性是语言的基本特征之一。在自然语言中,句子所使用的词大部分是模糊词,如汉语中的概数词:上下、左右、前后、多少、多日、多次等,副词:马上、非常、刚刚、永远、略微等,时间名词:拂晓、白天、黄昏、深夜、现在、过去等,都是模糊词。模糊法是运用不确定的或不精确的语气进行交际的办法。波兰语文学家沙夫在《语文学引论》一书中说:"交际需要词语的模糊性,这听起来似乎是很奇怪的,但是假如我们通过约定的方法完全消除了词语的模糊性……那么我们就会使我们的语言变成如此贫乏,就会使它的交际和表达的作用受到如此大的限制,而其结果就是摧毁语言的目的,人们交际就很难进行,因此我们用以交际的工具遭到了损害。"

4. 暗示法

暗示是一种信号化的刺激,表示"不公开地隐蔽地给人以启示"。从社会心理学角度来看,暗示是在无对抗的条件下用含蓄、间接的方法对人的心理和行为产生影响。暗示法是通过语言、行为或其他符号把自己的意向传递给他人,并引起反应的方法。如某处挂一标牌:此处放自行车将被放气拔气门芯。用幽默的语言暗示人们,此处不能存放自行车。暗示法可以通过人的语言形式、表情来施授,也可以通过情境(视觉符号、声音符号)施授。暗示法是交际语言中很有效的艺术。

四、请常用下列礼貌语言

见面时不理不睬不礼貌,而要打招呼问好。如使用"您好""您早""早上好""早"等问候语;对长者、尊者、上级应谦恭地问候;较熟的人要亲切的问候;不太熟的人可热情点头微笑打招呼。

寻求别人帮助和请人办事,要说"请""劳驾""拜托""有劳您"等请托语。

对给过帮助、方便和服务的人应用感谢语,如"谢谢""多谢""让您费心了""难为您了"等。

当影响、打扰、不利于他人时,应道歉,如"实在对不起""很抱歉""请原谅""打扰您了""太不应该了""真过意不去""不好意思"等。

称呼语(或称呼礼仪)。在正式场合称呼:张小姐、赵先生、李太太、宋经理、周厂长、陈工、于主任、孙科长、王处长;对有声望的老人尊称:钱老、陆老、您老;非正式场合称呼:小刘、老杨、张大姐、王伯伯、易叔叔。

询问对方姓、单位时应说:"贵姓""贵公司""贵厂"。

当别人赞美自己时,应以感谢来表达。例如,于先生对张先生说:"你的文章写得真好。"张先生应有礼貌地说:"谢谢,您过奖了!"或说:"谢谢,您太客气了。"千万不要说:"好什么呀,别讽刺我了。"这种回答令人十分尴尬,是非常不礼貌的回答。

思考与训练

你觉得在内地当红演员中,谁的谈吐最有水准?

礼仪拓展

如何让声音为你的谈吐加分

一是不要用鼻音说话;二是嘴唇不能僵滞;
三是调整好你说话的速度和语调;四是去掉你的口头禅。

任务四　舞台礼仪

案例引入

如果要评选20世纪80年代最优雅美丽的女明星,赵雅芝无疑是观众的首选。无论是《上海滩》里的冯程程,《戏说乾隆》里的程淮秀,还是《新白娘子传奇》中的白素贞,都给观众留下了难以磨灭的印象。而赵雅芝本人不论是在生活中,还是在舞台上,对自己的着装、体态等都非常注意,无不体现出她的华贵端庄、清丽脱俗。

礼仪解读

一、体态
（一）站姿

著名演讲家曲啸曾在介绍演讲经验时说:"演讲者的体态、风貌、举止、表情都应给听众以协调的、平衡的、至美的感受,要想从语言、气质、神态、感情、意志、气魄等方面充分地表现出演讲者的特点,也只有在站立的情况下才有可能。"

站姿是人的一种本能,是一个人站立的姿势,它是人们平时所采用的一种静态的身体造型,同时又是其他动态身体造型的基础和起点。常言道:"站如松,坐如钟",这是中国传统的关于形象的标准。人们在描述一个人生机勃勃充满活力的时候,经常使用"身姿挺拔"这类词语。站姿是衡量一个人外表乃至精神的重要标准。优美的站姿是保持良好体型的秘诀。从一个人的站姿，人们可以看出他的精神状态、品质和修养及健康状况。

1. 基本要求

标准的站姿应该是：从正面看，全身笔直，精神饱满，两眼平视，表情自然。两肩平齐，两臂自然下垂，两脚跟并拢，两脚尖张开60度，身体重心落于两腿正中。从侧面看，两眼平视，下颌微收，挺胸收腹，腰背挺直，手中指贴裤缝，整个身体庄重挺拔。采取这种站姿，不仅会使人看起来稳重、大方、俊美、挺拔，还可以帮助呼吸，改善血液循环，并在一定程度上缓解身体的疲劳。

（1）两脚跟相靠，脚尖展开45度至60度，身体重心主要支撑于脚掌、脚弓之上。

（2）两腿并拢直立，腿部肌肉收紧，大腿内侧夹紧，髋部上提。

（3）腹部、臀大肌微收缩并上提，臀、腹部前后相夹，髋部两侧略向中间用力。

（4）脊柱、后背挺直，胸略向前上方提起。

（5）两肩放松下沉，气沉于胸腹之间，自然呼吸。

（6）两手臂放松，自然下垂于体侧。

（7）脖颈挺直，头向上顶。

（8）下颌微收，双目平视前方。

当站立的时间过长时，站姿的脚姿可以有一些变化：一是两脚分开，两脚外沿宽度以不超过两肩的宽度站立；二是以一只脚为重心支撑站立，另一只脚稍息，然后轮换。

在日常的公关与社交活动场所，良好的站姿是非常重要的。一般来说，标准的站姿关键要看三个部位：一是髋部向上提，脚趾抓地；二是腹肌、臀肌收缩上提，前后形成夹力；三是头顶上悬，肩向下沉。只有这三个部位的肌肉力量相互制约，才能保持标准站姿。针对不同的群体，标准站姿的侧重点也不一样。

根据以上标准站姿的要求，男性的标准站姿应该是：身体立直，挺胸抬头、下颌微收、双目平视、两膝并严、脚跟靠紧，脚掌分开呈"V"字形。挺髋立腰、吸腹收臀、双手置于身体两侧自然下垂；或者是两腿分开，两脚平行，双腿分开的距离不能超过肩宽，双手在身后交叉，右手搭在左手上，贴在臀部。

同样，女性的标准站姿应该是：双脚成"V"字形，两膝和脚后跟尽量靠拢；或一只脚略向前，一只脚略向后，前脚的脚后跟稍稍向后脚的脚内侧靠拢，后腿的膝盖向前腿膝盖靠拢。

练习站姿时，要避免僵直硬化，肌肉不能太紧张，在站立的同时可以适宜地变换姿态，追求动感美。还要注意，站立时不要躬腰驼背或挺肚后仰，也不要东倒西歪地将身体倚在其他物体上，两手不要插在裤袋里或叉在腰间，也不要抱臂于胸前。

2. 站姿的分类

（1）正规站姿。正规站姿是抬头、目视前方、挺胸立腰、肩平、双臂自然下垂、收腹、双腿并拢直立、脚尖分呈V字形、身体重心放到两脚中间；也可两脚分开，比肩略窄，将双手合起，放在腹前或背后。

（2）背手站姿。即双手在身后交叉，右手放在左手外面，贴在两臀中间。两脚可分开也可并列，分开时，不得超过肩宽，脚尖展开，两脚夹角成60度，挺胸立腰，收颌收腹，双目平视。这种站姿优美中略带威严，易产生距离感，一般用于门卫和保卫人员。如果两脚改为并立，则突出了尊重的意味。

（3）叉手站姿。即两手在腹前交叉，右手搭在左手上直立。这种站姿，男性可以两脚分开，距离不超过20厘米。女性可以用小丁字步，即一脚稍微向前，脚跟靠在另一脚内侧。除保持正确的站姿外，男性两脚分开，比肩略窄，将双手合起放于腹前；女性双腿并拢，脚尖分呈V字形，双手合起放于腹前。这种站姿端正中略有自由，郑重中略有放松。在站立中身体重心还可以在两脚间转换，以减轻疲劳，是一种常用的接待站姿。

（4）背垂手站姿。即一手背在后面，贴在臀部；另一手自然下垂，手指自然弯曲，中指对准裤缝，两脚可以并拢也可以分开，也可以成小丁字步。男性多用这种站姿，显得大方、自然、洒脱。

以上这几种站姿密切联系着岗位工作，若在日常生活中适当地运用，则会给人们挺拔俊美、庄重大方、舒展优雅、精力充沛的感觉。

3. 训练方法

好的站姿能通过学习和训练而获得。经过理论学习后，我们还要在生活中加以训练。利用每天空闲的时间练习20分钟左右，效果会非常明显。

（1）贴墙直立（九点靠墙法）。背着墙站直，全身背部紧贴墙壁，后脑勺、肩、腰、臀部及脚后跟与墙壁间的距离尽可能地减少，让你的头、肩、臀、腿之间纵向连成直线。

（2）头顶书本。就是把书放在头顶上行走，不要让它掉下来。那么你会很自然地挺直脖子，收紧下巴，挺胸挺腰。

要拥有优美的站姿，就必须养成良好的习惯，长期坚持。站姿优美，身体才会得到舒展，有助于健康；看起来有精神、有气质，别人也能感觉到你的自重和对别人的尊重；还容易引起别人的注意和好感。

4. 错误站姿

好的站姿，可以让身体各个关节得到均匀的受力，从而不会让某些特定的关节承担大部分的重量。相反，不良的站姿则会影响体内的血液循环，可能会压迫内脏，导致消化不良。不管在形体上，还是在外貌上，不良的站姿都会对人体产生消极的影响。

（1）弯腰驼背。在站立时，一个人如果弯腰驼背，除去其腰部弯曲、背部弓起之外，通常还伴有颈部弯缩、胸部凹陷、腹部凸出、臀部撅起等一些其他的不良体态。它显得一个人缺乏锻炼、无精打采，甚至健康不佳。

（2）手位不当。在站立时，必须注意以正确的手位去配合站姿。若手位不当，则会破坏站姿的整体效果。站立时手位不当主要表现在：一是双手抱在脑后；二是用手托着下巴；三是双手抱在胸前；四是把肘部支在某处；五是双手叉腰；六是将手插在衣服或裤子口袋里。

(3) 脚位不当。在正常情况下,"V"字步、"丁"字步或平行步均可采用,但要避免"人"字步和"蹬踩式"。"人"字步也就是"内八字"步;"蹬踩式"指的是在一只脚站在地上的同时,把另一只脚踩在鞋帮上,或是踏在其他物体上。

(4) 半坐半立。在正式场合,必须注意坐立有别,该站的时候就要站,该坐的时候就要坐。在站立之际,绝不可以为了贪图舒服而擅自采用半坐半立之姿。当一个人半坐半立时,不但样子不好看,还会显得过分随便。

(5) 身体歪斜。站立时身体不能歪歪斜斜。若身躯明显地歪斜,如头偏、肩斜、腿曲、身歪,或是膝部不直,不但直接破坏了人体的线条美,而且还会使自己显得颓废消沉、萎靡不振或自由放荡。

(二) 坐姿

拥有优雅的坐姿对我们来说非常重要,它不仅可以防止走光,还可以展现我们最美丽迷人的一面。

1. 基本要求

(1) 入座要轻而稳,女士着裙装时要先轻拢裙摆,而后入座。
(2) 面带笑容,双目平视,嘴唇微闭,微收下颌。
(3) 双肩平正放松,两臂自然弯曲放在膝上,也可放在椅子或沙发扶手上。
(4) 立腰、挺胸、上体自然挺直。
(5) 双膝自然并拢,双腿正放或侧放。
(6) 至少坐满椅子的2/3,脊背轻靠椅背。
(7) 起立时,右脚向后收半步而后起立。
(8) 谈话时可以侧坐,此时上体与腿同时转向一侧。

2. 入座

(1) 就座前,先于座位前以正确、优雅的姿势站好。此时可稍用小腿肚往后轻轻确认椅子的存在,或者转身确认亦可。

(2) 一边以双手顺裙摆、一边缓缓坐下。注意坐下时,椅子不能坐满,国际礼仪虽规定只能坐位置的1/2,但基于东方女性天生骨盆大的特质,可坐到位置的2/3。

(3) 双膝靠拢、挺胸坐好坐下后,背部轻靠在椅背上;此外,双膝必须靠拢,同时建议将手压在裙子上,以免走光。切记背要挺直!

(4) 坐下后,标准的腿形放置位置,建议采用双膝紧闭斜放式。此外,如果坐在软式椅垫或沙发上,上半身背脊的挺直度,务必特别小心注意。

3. 常用坐姿

(1) 垂直式坐姿。又称最基本的坐姿,适用于最正规的场合。要求:上身与大腿,大腿与小腿,小腿垂直于地面,都应当成直角。双膝双脚完全并拢。

(2) 开关式坐姿。多为男性所使用,也较为正规。要求:上身与大腿,大腿与小腿,皆成直角,小腿垂直地面。双膝分开,但不得超过肩宽。

（3）侧挂式坐姿。适合穿短裙子的女士采用（或处于正式场合）。造型极为优雅,有大方高贵之感。要求:将双腿完全地一上一下交叠在一起,交叠后的两腿之间没有任何缝隙,犹如一条直线。双腿斜放于左右一侧,斜放后的腿部与地面呈45度夹角,叠放在上的脚尖垂向地面。

（4）侧点式坐姿。适用于穿裙子的女性在较低处就座时使用。要求:双膝先并拢,然后双脚向左或向右斜放,力求使斜放后的腿部与地面呈45度。

（5）交叉式坐姿。适用于各种场合,男女皆可选用。要求:双膝先并拢,然后双脚在踝部交叉。交叉后的双脚可以内收,也可以斜放,但不宜向前方远远直伸出去。

（6）后点式坐姿。适合一般场合采用,男女皆宜。要求:大腿首先并拢,双膝略打开,两条小腿分开后向内侧屈回。

（7）曲直式坐姿。适合女性的一种优美的坐姿。要求:大腿并紧之后,向前伸出一条腿,将另一条腿屈后,两脚脚掌着地,双脚前后要保持在同一条直线上。

（三）走姿

走姿是人体所呈现出的一种动态,是站姿的延续。走姿是展现人类动态美的重要形式。正确的走姿,能走出风度,走出优雅,走出美来,更能显示出一个人的活力与魅力。

1. 基本要求

（1）行走时,上身应保持挺拔的身姿,双肩保持平稳,双臂自然摆动,幅度以手臂距离身体30至40厘米为宜。

（2）腿部应是大腿带动小腿,脚跟先着地,保持步态平稳。

（3）步伐均匀、节奏流畅会使人显得精神饱满、神采奕奕。

（4）步幅的大小应根据身高、着装与场合的不同而有所调整。

（5）女性在穿裙装、旗袍或高跟鞋时,步幅应小一些;相反,穿休闲长裤时步伐可以大些,凸显穿着者的靓丽与活泼。女性在穿高跟鞋时尤其要注意膝关节的挺直,否则会给人"登山步"的感觉,有失美观。

2. 禁忌事项

（1）低头看脚尖:"我心事重重,萎靡不振"。

（2）拖脚走:未老先衰,暮气沉沉。

（3）跳着走:心浮气躁。

（4）走出内八字或外八字。

（5）摇头晃脑,晃臂扭腰;左顾右盼,瞻前顾后,会招人误解,特别是在公共场合容易给自己招麻烦。

（6）走路时大半个身子前倾:动作不美,又损健康。

（7）行走时与其他人相距过近,与他人发生身体碰撞。

（8）行走时尾随他人,甚至对其窥视、围观或指指点点,此举会被视为"侵犯人权"或

"人身侮辱"。

（9）行走时速度过快或过慢，以致对周围人造成一定的不良影响。

3. 男士走姿

（1）走路时，要将双腿并拢，身体挺直，双手自然放下，下巴微向内收，眼睛平视，双手自然垂于身体两侧，随脚步微微前后摆动。双脚尽量走在同一条直线上，脚尖应正对前方，切莫呈内八字或外八字。步伐大小以自己足部长度为准，速度不快不慢，尽量不要低头看地面，那样容易给人感觉你要从地上捡起什么东西。正确的走路姿态会给人一种充满自信的印象，同时也给人一种专业的信赖感，让人赞赏，因此走路时应该抬头、挺胸、精神饱满，不宜将手插入裤袋中。

（2）走路时，腰部应稍用力，收小腹，臀部收紧，背脊要挺直，抬头挺胸，切勿垂头丧气。气要平，脚步要从容和缓，要尽量避免短而急的步伐，鞋跟不要发出太大声响。

（3）上下楼梯时，应将整只脚踏在楼梯上，如果阶梯窄小，则应侧身而行。上下楼梯时，身体要挺直，目视前方，不要低头看楼梯，以免与人相撞。此外，弯腰驼背或肩膀高低不一的姿势都是不可取的。

（4）走路时如果遇到熟人，点头微笑招呼即可，若要停下步伐交谈，注意不要影响他人的行进。如果有熟人在你背后打招呼，千万不要紧急转身，以免紧随身后的人应变不及。

4. 女士走姿

（1）女士走路时，上半身不要过于晃动，自然又匀速地向前迈进，这样的走路姿态不疾不徐，给人如沐春风的感觉，可谓仪态万千。

（2）女士走路时，手部应在身体两侧自然摇摆，幅度不宜过大。如果手上持有物品，如手提包等，应将大包挎在手臂上，小包拎在手上，背包则背在肩膀上。走路时身体不可左右晃动，以免妨碍他人行动。

（3）女性在走路时，不宜左顾右盼，经过玻璃窗或镜子前，不可停下梳头或补妆，还要注意不要三五成群，左推右挤，一路谈笑，这样不但有碍于他人行路的顺畅，而且看起来也不雅观。在行进过程中，如果有物品遗落地上，不要马上弯腰拾起。正确的姿势是：首先绕到遗落物品的旁边，蹲下身体，然后单手将物品捡起来，这样可以避免正面领口暴露或裙摆打开等不雅观的情况出现。

（4）一些女性在穿高跟鞋时，鞋底经常发出踢踏声，这种声音在任何场合都是不文雅的，容易干扰他人，特别是在正式场合以及人较多的地方。要注意在走路时不发出太大的声响。

（四）蹲姿

蹲姿是人处于静态时的一种特殊体位。蹲姿要领：下蹲时一脚在前，一脚在后，两腿向下蹲，前脚全着地，小腿基本垂直于地面，后脚脚跟提起，脚尖着地。女性应靠紧双腿，男性则可适度分开。臀部向下，基本以后腿支撑身体。

1. 基本要求

（1）下蹲拾物时，应自然、得体、大方，不遮遮掩掩。

（2）下蹲时，两腿合力支撑身体，避免滑倒。

(3) 下蹲时,应使头、胸、膝关节在一个角度上,使蹲姿优美。
(4) 女士无论采用哪种蹲姿,都要将腿靠紧,臀部向下。

2. 常见蹲姿

(1) 交叉式蹲姿。在实际生活中常常会用到蹲姿,如集体合影前排需要蹲下时,女士可采用交叉式蹲姿。即下蹲时右脚在前,左脚在后,右小腿垂直于地面,全脚着地。左膝由后面伸向右侧,左脚跟抬起,脚掌着地。两腿靠紧,合力支撑身体。臀部向下,上身稍前倾。

(2) 高低式蹲姿。下蹲时右脚在前,左脚稍后,两腿靠紧向下蹲。右脚全脚着地,小腿基本垂直于地面,左脚脚跟提起,脚掌着地。左膝低于右膝,左膝内侧靠于右小腿内侧,形成右膝高、左膝低的姿态,臀部向下,基本以左腿支撑身体。

3. 蹲姿要点

迅速、美观、大方。若用右手捡东西,可以先走到东西的左边,右脚向后退半步后再蹲下来。脊背保持挺直,臀部一定要蹲下来,避免弯腰翘臀的姿势。男士两腿间可留有适当的缝隙,女士则要两腿并紧,穿旗袍或短裙时须更加留意,以免尴尬。

二、表情

眼神是心灵的窗户,微笑是通往世界的护照,这些都是人际交往的润滑剂。在舞台上,我们应面带微笑向观众表示尊敬,用眼神表达自己的真诚和友善。当甜美的微笑与迷人的眼神相结合时,你在舞台上一定会最闪耀!

(一) 微笑

1. 基本要求

(1) 要口、眼、鼻、眉、肌结合,做到真笑。发自内心的微笑,会自然调动人的五官:眼睛略眯起、有神,眉毛上扬并稍弯,鼻翼张开,脸肌收拢,嘴上翘,唇不露齿。做到眼到、眉到、鼻到、肌到、嘴到,才会亲切可人、打动人心。

(2) 要神情结合,显出气质。笑的时候要精神饱满、神采奕奕,要笑得亲切、甜美。这样的笑伴以稳重、伴以文化修养,就能显出气质。微笑在于它是含笑于面部,"含"给人回味、深刻、包容感。如果露齿或张嘴笑起来,再好的气质也没有了。

(3) 要声情并茂,相辅相成。微笑和语言美往往是孪生姐妹,甜美的微笑伴以礼貌的语言,两者相映生辉。如果脸上挂着微笑,嘴上却出言不逊,语言粗野,微笑就失去了意义;如果语言文明礼貌,脸上却面无表情,会让人怀疑你的诚意。只有声情并茂,你的热情、诚意才能为人理解,并起到锦上添花的效果。

(4) 要和仪态举止的美和谐一致,从外表形成完善统一的效果。

2. 微笑的训练

第一阶段—放松肌肉。放松嘴唇周围肌肉是微笑练习的第一阶段。又名"哆来咪练习"的嘴唇肌肉放松运动,是从低音哆开始,到高音咪,大声、清楚地每个音说三次。不是连着练,而是一个音节一个音节地发音,为了正确的发音应注意嘴型。

第二阶段——给嘴唇肌肉增加弹性。形成笑容时最重要的部位是嘴角。锻炼嘴唇周围的肌肉,能使嘴角的移动变得更干练好看,也可以有效地预防皱纹。嘴边变得干练有生机,整体表情就给人有弹性的感觉,不知不觉中显得更年轻。

伸直背部,坐在镜子前面,反复练习最大地收缩或伸张。张大嘴使嘴周围的肌肉最大限度地伸张。张大嘴能感觉颚骨受刺激的程度,保持这种状态10秒,使嘴角紧张;闭上张开的嘴,拉紧两侧的嘴角,使嘴唇在水平上紧张起来,保持10秒;聚拢嘴唇,在嘴角紧张的状态下,慢慢地聚拢嘴唇。出现圆圆的卷起来的嘴唇聚拢在一起的感觉时,保持10秒。保持微笑30秒。反复进行这一动作三次左右。

用门牙轻轻地咬住木筷子。把嘴角对准木筷子,两边都要翘起,并观察连接嘴唇两端的线是否与木筷子在同一水平线上。保持这个状态10秒。在第一状态下,轻轻地拔出木筷子,练习维持状态。

第三阶段——形成微笑。这是在放松的状态下,根据大小练习笑容的过程,练习的关键是使嘴角两端上升的程度保持一致。如果嘴角歪斜,表情就不会太好看。练习各种笑容的过程中,会发现最适合自己的微笑。

小微笑,把嘴角两端一齐往上提,给上嘴唇拉上去的紧张感。稍微露出2颗门牙,保持10秒后,恢复原来的状态并放松。

普通微笑,慢慢使肌肉紧张起来,把嘴角两端一齐往上提,给上嘴唇拉上去的紧张感。露出上门牙6颗左右,眼睛也小一点。保持10秒后,恢复原来的状态并放松。

大微笑,一边拉紧肌肉,使之强烈地紧张起来,一边把嘴角两端一齐往上提,露出10个左右的上门牙,也稍微露出下门牙。保持10秒后,恢复原来的状态并放松。

第四阶段——保持微笑。一旦寻找到满意的微笑,就要进行至少维持表情30秒的训练。在照相时不能敞开笑容的人,重点进行这一阶段的练习,能获得很大的效果。

第五阶段——修正微笑。虽然认真地进行了训练,但如果笑容还是不那么完美,就要寻找其他部分是否有问题。如果能自信地敞开地笑,就可以把缺点转化为优点,不会成为大问题。

缺点1:嘴角上升时会歪。两侧嘴角不能一齐上升的人很多。这时利用木制筷子进行训练会很有效。刚开始会比较难,但若反复练习,就会在不知不觉中两边一齐上升,形成干练而老练的微笑。

缺点2:笑时露出牙龈。笑的时候露出很多牙龈的人,往往会笑得没有自信,不是遮嘴,就是腼腆地笑。自然的笑容可以弥补露出牙龈的缺点,但如果本人太在意,就很难笑出自然亮丽的笑。露出牙龈时,通过嘴唇肌肉的训练,以各种形状尽情地试着笑,在其中挑选最满意的笑容。反复练习满意的微笑,照着镜子,试着笑出前面所选的微笑。在稍微露出牙龈的程度上,反复练习美丽的微笑。如果希望在大微笑时,不露出很多

牙龈,就要给上嘴唇稍微加力,拉下上嘴唇。保持这一状态10秒。

第六阶段——修饰有魅力的微笑。如果认真练习,就会发现属于自己独特魅力的微笑,并能展现那微笑。伸直背部和胸部,用正确的姿势在镜子前面边敞开笑,边修饰自己的微笑。

(二)眼神

1. 训练方法

(1)定眼。眼睛盯着一个目标,分正定法和斜定法两种。

正定法:在前方2至3米远的明亮处,选一个点。点的高度与眼睛或眉基本相平,最好找一个不太显眼的标记。进行定眼训练时,眼睛要自然睁大,但眼轮匝肌不宜收得太紧。双眼正视前方目标上的标记,目光要集中,不然就会散神。注视一定时间后可以双眼微闭休息,再猛然睁开眼,立刻盯住目标,进行反复练习。

斜定法:要求与正定法相同。不同的是,所视目标与视者的眼睛成25度斜角,训练要领同正定法。

(2)转眼。眼珠在眼眶里上、下、左、右来回转动。包括定向转、左转、右转、慢转、快转等。

定向转:① 眼球由正前方开始,先移到左眼角,再回到正前方,然后再移到右眼角。反复练习。② 眼球由正前方开始,先由左移到右,再由右移到左。反复练习。③ 眼球由正前方开始,眼球移到上(不许抬眉),回到前。移到右,回到前。移到下,回到前。移到左,回到前。反复练习。④ 眼球由正前方开始,由上、右、下、左各做顺时针转动,每个角度都要定住。眼球转的路线要到位。再做逆时针转动。反复练习。

左转:眼球由正前方开始,由上向左按顺序快速转一圈后,眼球立即定在正前方。

右转:同左转,方向相反。

慢转:眼球按同一方向顺序慢转,在每个位置、角度上都不要停留,要连续转。

快转:方向同慢转,不同的是速度加快。

以上训练开始时,一拍一次,一拍两次,逐渐加快。但不能操之过急,正反都要练。

(3)扫眼。眼睛像扫把一样,视线经过的路线上的东西要全部看清。

慢扫眼:在离眼睛2至3米处,放一张画或其他物品。头不动眼睑抬起,先由左向右,做放射状缓缓横扫,再由右向左。四拍一次,进行练习。视线扫过所有东西尽量一次全部看清。眼球转到两边位置时,眼睛一定要定住。逐渐扩大扫视长度,两边可增视斜25度,头可随眼走动,但要平视。

快扫眼:要求同慢扫眼,但速度加快。由两拍到位,加快至一拍到位。

在初练时,眼睛稍有酸痛感。这些都是练习过程中的正常现象,期间可闭目休息两三分钟。眼睛肌肉适应了,这些现象也就消失了。常言道:"手之所至,腿随之;感情所至,心随之;心之所至,感情随之;感情所至,味随之。"在训练中要注意结合感情表现,进行眼睛训练。

2. 训练步骤

(1)眼部操分解动作训练,熟悉掌握眼部肌肉的构成,锻炼肌肉韧性。

眼球转动方向:平视、斜视、仰视、俯视、白眼等。

眼皮瞳孔开合大小:大开眼皮、大开瞳孔,开心、欢畅、惊愕;大开眼皮、小开瞳孔,愤怒、仇恨;小开眼皮、大开瞳孔,欣赏、快乐;小开眼皮、小开瞳孔,算计、狡诈。

眼睛眨动速度快慢：快，不解、调皮、幼稚、活力、新奇；慢，深沉、老练、稳当、可信。

目光集中程度：集中，认真、动脑思考；分散，漠然、木讷；游移不定，心不在焉。

目光持续长短：长，深情、喜欢、欣赏、重视、疑惑；短，轻视、讨厌、害怕、撒娇。

（2）眼神综合定位：以上要素凝结在一起综合表现。注意细微的变化，淋漓尽致的表现富有内涵、积极向上的眼神。如"这是你的吗？"用不同的眼神表示愤怒，表示怀疑，表示惊奇，表示不满，表示害怕，表示高兴，表示感慨，表示遗憾，表示爱不释手等。

（3）模仿动物的眼神：男性眼神像鹰一样刚强、坚毅、稳重、深沉、锐利、成熟、沧桑、亲切、自然；女性眼神像猫一样柔和、善良、温顺、敏捷、灵气、秀气、大气、亲切、自然。

眼睛是心灵的窗户，更是礼仪沟通的重要渠道。通过以上步骤可以训练礼仪人员利用眼神来交流和沟通的技巧和实效性。

思考与训练

模拟一次颁奖典礼，想象你自己就是获奖者，请问你会用怎样的表情、怎样的姿态站在舞台上呢？

礼仪拓展

演员的自我修养

表演艺术是一门特殊的行业。它要求从事这一行业的人除具有特殊的形象和气质外，更重要的是具备一定的素质。

推荐学习经典著作《演员的自我修养》。它是20世纪初期俄罗斯著名戏剧和表演理论家康斯坦丁·斯坦尼斯拉夫斯基的著作，书中系统阐述了他关于戏剧表演和教学的理论方法。斯坦尼斯拉夫斯基从身体表现力与发展、声音和语言、速度节奏、逻辑与顺序、控制与修饰、舞台魅力、舞台自我感觉等多个方面深入探讨，值得我们学习。

第三篇 礼仪之实操篇

人们常说：造就一个富翁有三天就行，而造就一个绅士，则需要三十年。可见，优雅的气质需要漫长的修炼时间和过程。

优雅是一种高贵的品质，是真实、朴实、诚实、轻松、潇洒。优雅是文学与艺术长久渗透之后在生活中体现出来的某种精致的细节；优雅是骨子里折射出的时尚之气、文化之气、艺术之气、唯美之气。优雅的人，

外表上：讲究仪表仪容，注意发型、服饰的端庄和整洁。

态度上：不卑不亢、落落大方、微笑待人。

语言上：文明、清晰，讲究语言艺术、注意语气语调，提倡讲对方听得懂的语言。

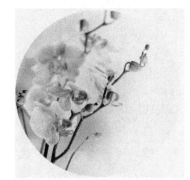

举止上：举止文明、彬彬有礼、乐意助人。

总之，优雅男士的姿态应刚健有力、稳重，有潇洒的阳刚之气。优雅女士的姿态应柔情贤淑、轻盈自然，有婉约的女性之美。

实例一　点头微笑寒暄语

与人交往致意时，点头是一种常见的礼节。行点头礼时，无论是朋友还是熟人，是上司还是宾客均可点头致意。若忘记了对方的姓名，感觉对方面熟时也可以点头致意。点头时一定要面带微笑，表情自然、态度诚恳、和蔼可亲。

"微笑"，词典里的意思是略带笑容，是不显露、不出声的一种笑。人是微笑的唯一载体，微笑是人的面部表情因双唇轻启、牙齿半露、眉梢上推、脸部肌肉平缓向上向后舒展而带来的一种效果。

微笑有很多种，真诚的微笑是具有人性化的、发自内心的真实感情的自然流露；礼节性的微笑是陌生人相见微微点头的招呼式、应酬式的笑容，还有平时谦恭的、文雅的、含蓄的、深沉的或带有其他礼仪成分的浅笑；职业性的微笑是服务行业或其他一些临时性宣传、表演行业的基本要求，无论心情好坏，无论自己有没有微笑的动因，都需要自觉面带笑容。

常言道：音乐始于序曲，会晤起于寒暄。寒暄和言辞是人与人之间表达情感的一种方式。寒暄是会晤双方见面时以相互问候为内容的应酬谈话，属于非正式交谈，本身没有多少实际意义，它的主要功能在于打破彼此陌生的界限，缩短双方的感情距离，创造和谐的气氛，

以利于会晤正式话题的开始。寒暄的原则是:亲热、贴心、消除陌生感。

常用寒暄语有:"您好,早上好!""您好,一路辛苦了!""您好,见到您真高兴!"

 模仿与训练

一、点头礼

点头礼是东西方通用礼节,又称颔首礼。规范的点头做法是:面正、微笑、目平视,头快速上扬后下点。

男士点头时速度稍快些,力度稍微大些,体现男性的阳刚洒脱;女士的上扬和下点速度稍慢些,力度稍小些,体现女性的温柔娴雅。注意不要反复点头不止,点头的幅度不宜过大。还要记得脱下帽子。

二、微笑

具体操作:要发自内心、自然大方,显示出亲切,要由眼神、眉毛、嘴巴、表情等各方面协调动作来完成。

(1)与眼睛的结合。在微笑时,眼睛也要"微笑",否则给人的感觉是"皮笑肉不笑"。

(2)与语言的结合。微笑着说"早上好""您好"等。

(3)与身体的结合。微笑要与正确的身体语言相结合,才会相得益彰,给对方以最佳的印象。

三、常用寒暄语

1. 问安型寒暄

表现礼貌的问候语有"您好""早上好""节日好""新年好"等;商务人士在初交时常说:"幸会!幸会!"等;表现思念之情的问候语如"好久不见,你近来怎样?""多日不见,可把我想坏了!"等;表现对对方关心的问候语,如"最近身体好吗?""来这里多长时间啦?还住得惯吗?"等;表现友好态度的问候语,如"生意好吗?""在忙什么呢?"等一些貌似提问的话语。

2. 攀谈型寒暄

在人际交往中,只要彼此留意,就能发现很多共同点。如:"我出生在苏州,跟您这位南京人也算得上同乡啦!""您是苏州大学毕业的,说起来咱们还是校友哩!""您的专业是旅游管理啊,那我们可是同行呢。"在交际过程中,要善于寻找契机发掘双方的亲近点,从感情上靠拢对方是十分重要的。

3. 敬慕型寒暄

初次见面,对对方表示尊重、仰慕、热情有礼,可以用"久仰大名!""早就听说过您!""您的大作,我已拜读,获益匪浅!""女士,您的气质真好!"等。

寒暄语的使用应根据环境、条件、对象以及双方见面时的感受来选择和调整,没有固定的模式,只要见面时让人感到自然、亲切,没有陌生感就行。

实例二 站立迎宾欢迎词

站立是人们在生活交往中的一种最基本的举止,是生活中一种静态的动作。优美而典雅的造型,是优雅举止的基础。男士要求"站如松",刚毅洒脱;女士则应秀雅优美,亭亭玉立。训练符合礼仪规范的站姿,是培养仪态美的起点,其动作要领也是培养其他优美仪态的基础。

一、基本站姿

挺胸、收腹、立腰、紧臀、双臂自然下垂、中指贴紧裤缝、双目平视、下颌微收、颈部挺直、面带笑容、双脚直立、站姿端正。

二、迎宾站姿

迎宾时站立微笑。身体微微前倾,双目注视来宾,右手(或者左手)抬起,以肘关节为轴,前臂由下而上伸出,使手臂向下成一斜线,表示请客人"入内"或"入座"。

三、迎宾时常用的欢迎词

■ 您好,欢迎您!
■ 您好,很高兴在此见到您!
■ 欢迎光临!

 模仿与训练

一、不同场合站姿

1. 标准站姿具体要求

(1) 头正,双目平视,嘴角微闭,下颌微收,面容平和自然。
(2) 双肩放松,稍向下沉,人有向上的感觉。
(3) 躯干挺直,挺胸,收腹,立腰。
(4) 双臂自然下垂于身体两侧,中指贴拢裤缝,两手自然放松。
(5) 双腿立直、并拢,脚跟相靠,两脚尖张开约60度,身体重心落于两脚正中。

2. 与人交谈时

面向对方站立,保持一定距离,站姿要正,可以稍弯腰。切忌身体歪斜、两腿分开距离过大或倚墙靠柱。如果空着手,可以双手在体前交叉,右手放在左手上。

3. 问候别人或做介绍时

不论是握手还是鞠躬,都要双脚后跟并拢,脚掌打开30度,膝盖要挺直。

4. 穿礼服或旗袍时

两脚之间前后距离5厘米,以一只脚为重心。

5. 等车或等电梯时

两脚位置可一前一后,保持45度角,肌肉放松、自然,但仍保持身体的挺直。

6. 其他非正式场合

双脚的姿势为避免呆板,可做灵活变动。既可以选择并拢,也可以一前一后,自然成形。肌肉放松,但保持身体的挺直。如果是长时间站立,女士可以采用X步或交叉步,或者身体侧向一边,重心放在一侧的腿上。

二、迎宾

1. 迎宾站姿

良好的迎宾站立姿态可以体现出个人良好的素质以及形象。

（1）侧放式。这是男女服务人员通用的站立姿势,其要领如下:头部抬起,面部转向正前方,双眼平视,下颌微微内收,颈部挺直,双肩放松,呼吸自然,腰部直立;双臂自然下垂,处于身体两侧,中指指尖对准裤缝,手部虎口向前,手指少许弯曲,呈半握拳状,指尖向下;双腿立正并拢,双膝与双脚的跟部紧靠,双脚呈"V"字分开,两者相距约一个拳头的宽度;注意提起髋部,身体重量应平均分布在两腿上。

（2）前腹式。又称前交叉。这是女性服务人员常用的站立姿势,其要领是:头、面、眼、颌、颈、肩、腰等部位的姿势与侧放式相同,脚跟靠拢,两膝并拢,双手自然交叉在小腹前,右手放在左手上,双臂稍曲,有"端"着的感觉。

（3）后背式。又称后交叉。这是男性服务人员常用的站立姿势,其要领是:头、面、眼、颌、颈、肩、腰等部位的姿势与侧放式相同,双腿分开,宽度为齐肩或略窄些,双脚平等,双手放在后背腰处轻握。

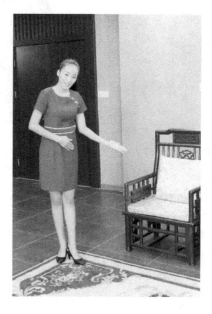

2. 引领

宾客进入酒店,迎宾员应主动上前(拉门)并热情问候欢迎。

引领客人进房间时,要注意:如果门是拉的,应请客人先进入;如果门是推的,就自己先进入,为客人打开门。走在客人左前方两三步的距离,配合客人步调;指示座位请客人坐下。

电梯引领：伴随客人或长辈来到电梯厅门前时，先按电梯按钮。

轿厢到达厅门打开时：若只有一名客人，可一手按"开门"按钮，另一手按住电梯侧门，礼貌地说"请进"，请客人或长辈进入电梯轿厢。若有多名客人，可先行进入电梯，一手按开门按钮，另一手按住电梯侧门，请别人先进。

进入电梯后：按下客人或长辈要去的楼层按钮。

到达楼层后：一手按开门按钮，另一手做"请出"的动作，可说："到了，您请。"待客人走出电梯后，自己立刻走出电梯。

三、欢迎词

欢迎词是指接待宾客开始时根据不同时间、场合和对象所使用的规范化语言。迎宾员应该声音优美,表达恰当,言简意赅,表情自然,举止文雅,还要注意口腔卫生。

（1）与外宾见面,应主动说:"您好,欢迎到中国来。""您好,欢迎光临。""女士们,先生们,欢迎你们的光临。""您好,先生,我们一直恭候您的光临。""您好,见到您很高兴。"

（2）按每天不同的时刻问候客人:"您早!""您好！早上好!""下午好!""晚上好！见到您很高兴。"

（3）在接待过程中欢迎词使用得当,宾客会感到非常亲切,感到自己是一个受欢迎、受尊敬的人。例如:"欢迎您到我们宾馆来,先生!""见到您很高兴,夫人!""很高兴您到我们这里来进餐!""希望您在这里生活愉快!"

（4）根据工作情况需要,在使用欢迎词的同时,最好紧跟其他一些礼貌用语,如:"先生,您好,欢迎光临,请!""早上好,先生,您有什么事要吩咐吗?""您好！小姐,要我帮忙吗?""晚上好！夫人(太太),旅途辛苦了,请先在这儿休息一会儿吧!"这样会使对方倍觉自然和亲切。遇到节日、生日等喜庆日子,应说:"祝您圣诞快乐!""祝您生日快乐!""祝您健康长寿!""新年好!""恭喜发财!"等。

实例三　走姿坐姿和请姿

"坐如钟,行如风",意思是说坐姿要端正,行走要快捷。我们平时走路,也要端正不摇摆,上下不颠簸。正确的走姿应该是:上身正直,两肩平而不摇,步幅均匀,步度为本人的一脚之长,步态从容,两臂自然摆动。

坐姿要文雅自如,上身端正,头正目平,嘴巴微闭,脸带微笑,不满屁股入座。双手相交放两腿上,两腿自如弯曲,一小腿与地面基本垂直,另一腿膝部距离靠近,男子坐姿以松开一拳为宜。

"请"的姿态与迎宾时的姿态相同。"请"的宾客少时可单手示"请",宾客多时可双手示"请"。得体适度地做"请"姿,可增强感情的表达,与人交流时起到锦上添花的作用。

模仿与训练

一、走姿

1. 标准走姿

应以端正的站姿为基础。要求行走时上身挺直,双肩平稳,目光平视,下颌微收,面带微笑;手臂伸直放松,手指自然弯曲,摆动时,以肩关节为轴,上臂带动前臂,向前、后自然摆动,以前摆35度、后摆30度为宜,肘关节略弯曲,前臂不要向上甩动;上体稍向前倾,提髋屈大腿带动小腿向前迈;保持膝关节和脚尖正对前进的方向;脚尖略抬,脚跟先接触地面,依靠后腿将身体重心推送到前脚脚掌,使身体前移。

2. 引导宾客时

要尽量走在宾客的左侧前方，整个身体半转向宾客方向，左肩稍前，右肩稍后，保持两三步的距离。遇到上下楼梯、拐弯、进门时，要伸出左手示意，提示客人先行。

3. 走楼梯时

上楼客走前，下楼客走后。为了保障客人安全，应单行行走，在楼梯较宽时，并排行走也最多不要超过两人。注意要靠右侧行走，左侧留给有急事的人通行。

女士穿长裙上楼梯时，注意不要踩到裙摆，应用一只手轻轻提起裙摆，快步走，身体稍微向前倾斜。

4. 与人告别时

不能扭头就走，应先向后退三步，再转身离去。退步时脚轻擦地面，不要高抬小腿，后退步幅要小。转身时，身体先转，头稍后转。

二、坐姿

1. 基本坐姿

入座时要轻、要稳,挺胸、立腰、双目平视、嘴唇微闭、微收下颌。一般坐椅子的三分之二处。除基本坐姿以外,根据双腿位置的改变,也可形成多种优美的坐姿,如双腿平行斜放,两脚前后相掖或两脚呈小八字形等,都能给人舒适优雅的感觉(女士穿裙入座时应该有抚裙的动作)。在起立时,右脚先向后收半步、再站起(防止臀部过于翘起)。

2. 交叉式坐姿

右脚后缩,与左脚交叉,两踝关节重叠,两脚尖着地。注意向体内收脚。

3. 叠膝式坐姿

两腿相叠,一脚紧贴另一只脚外侧。脚背向下压,双腿靠近。双手交叉或相握放于跷起的腿上。

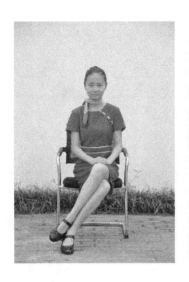

4. 交谈时的坐姿

上身转向一侧,两腿并拢,两脚向左或向右放,双手可分别放置或叠放于双腿上。男士双膝可略分开。

三、请姿

请姿用于对他人进行引导或为其指示方向。

1. 小请

曲臂横摆式,五指并拢伸直,手臂弯曲由身体内侧向外侧横摆,指尖指向被引导或指示的方向。小请多用于请人、请进、入座时采用。

2. 大请

直臂式,手臂向外横向摆动,手臂抬至肩高。大请多为指示较远距离时所采用的请姿。如指路、指地点。

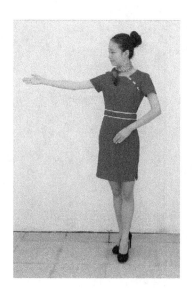

3. 单手请多人

手臂由身体内侧向外侧横摆再由外侧横摆回内侧,动作的速度、幅度要适度。单手请多人用于请多人入座,或向他人指示几种物品时采用。

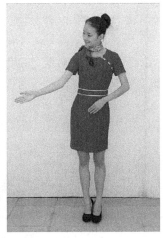

实例四 介绍敬茶递名片

介绍是沟通双方通过互相了解而建立关系的一种语言交际过程。

在社会交往中,除自我介绍外,还可通过经人介绍这一途径来结识他人。在作介绍时,需要注意介绍的顺序、称呼和内容。国际通行的介绍顺序是:先为女性介绍男性,先为长者介绍年轻者,先为职位高者介绍职位低者,先为主人介绍客人,先为早到者介绍晚到者,即"较尊者拥有优先知情权"。

中国人最好的待客方式是为客人敬茶。端茶递水时,要站在宾客的右边一侧,左手托底,右手拿着茶杯的中部,杯耳朝向客人,双手将茶从客人的后侧轻轻奉上。上茶时要先宾后主,先女后男。上茶时切忌用手碰杯口,托盘上茶之后要轻声说:"您请慢用!"

名片已成为公众交往的一种重要工具。名片具有介绍信的功能,起着沟通与联络的作用。名片上一般印有单位、姓名、职衔、地址、电话号码等。递送名片时应面带微笑,注视对方,将名片上的文字正对对方,用双手的拇指和食指捏住名片,站立着躬身递送给对方。递送名片时可以说:"这是我的名片,您请收下。"接收他人名片时,同样双手接回,并说:"谢谢。"接过名片后应认真阅读以示尊重。当对方递给你名片后,如果自己没有名片或者没带名片,应当首先对对方表示歉意,再如实说明理由。如"很抱歉,我没带名片。""对不起,今天我带的名片用完了,回去后我会立刻寄一张给您的。"

 模仿与训练

一、介绍

1. 介绍顺序

"较尊者拥有优先知情权。"如女性拥有优先知情权,应先将男性介绍给女性:"王小姐,你还没有见过 Tom 先生吧,这位就是某某公司的 Tom 先生!"长者拥有优先知情权,应先将年轻者介绍给长者:"王总,这位就是我经常向您提起的 Mike 先生。"

2. 介绍者的姿势

标准姿势站立。右臂肘关节略屈并前伸,手心向上,五指并拢,手指指向被介绍者。

3. 被介绍双方姿势

当介绍者介绍完毕后,被介绍者双方应面带微笑,态度谦和、友好、不卑不亢,切忌傲慢无礼或畏畏缩缩。同时双方应依照合乎礼仪的顺序进行握手,彼此问候,也可以互递名片。

二、敬茶

中国人习惯以茶待客,并形成了相应的饮茶礼仪。俗话说:"倒茶七分满,杯满就欺人",泡茶时要注意茶水量。如果客人在工作或交谈,应先说声"对不起",客人表示同意后再上茶;在敬茶后应示意客人饮用,说"请用茶"或"您请"。

(1)没有杯耳的茶杯上茶姿势。一只手抓住或扶住杯身中下端,另一只手托住杯底,把茶敬给客人。

(2)有杯耳的茶杯上茶姿势。一只手抓住或扶住杯耳,另一只手托住杯底,把茶敬给客人,注意杯耳朝向客人的右手。

3. 有茶托的茶杯上茶姿势。一只手捏托住茶托,另一只手扶住茶杯,把茶端给客人。

三、递名片

（1）递名片的次序。递送名片的先后次序没有太严格的讲究。一般是地位低的人先向地位高的人递送，男性先向女性递送。递送时要面带微笑，目视对方，双手奉上。接收者也须双手接过。

（2）递收名片时要避免的事项。文字没有正对对方；手指压住头像或公司标志；接收名片后，没有阅读就放进裤子后袋中。

实例五　鞠躬握手告别语

鞠躬礼是向他人表示敬意的郑重礼节,常用于人际交往过程中。鞠躬时身体直立,面带微笑,正对受礼者。男士双手下垂,置于体侧,女士双手贴紧裤缝,前倾60度或90度,视线随之自然下垂,同时致以问候语或告别语,礼毕时双目注视受礼者。

握手礼是当今世界最通行的迎送礼节。致意、祝贺、感谢、送别时均可使用握手礼。行握手礼时距受礼者一步,双脚立正,上身前倾,正视对方,面带微笑,右臂自然前伸,四指并齐,拇指张开,掌心向左,与对方相握。微微抖动三四下以示热情。行握手礼时左手垂在左侧。行握手礼时一般由主人向长者,身份高者向低者问候、致礼。不宜左右手同时握他人的手。

常用的告别语有:"再见,祝您好运!""再见,欢迎再来!""再见,希望不久后再见到您!"

 模仿与训练

一、鞠躬

1. 鞠躬要领

行鞠躬礼时要面对客人,双脚并拢,视线应由对方脸上落至自己的脚前1.5米处(15度礼)或脚前1米处(30度礼)。男性双手放在身体两侧,女性双手合起放在身体前面。

鞠躬时必须目视对方,伸直腰、靠拢脚跟、脚尖微微分开,然后由腰开始的上身向前弯曲。鞠躬时,弯腰速度适中,之后抬头直腰,动作须慢慢完成。

2. 不同场合的鞠躬幅度

在与同事打招呼时,轻微地鞠躬即可,身体向前略倾15度。

见到上司或迎送客人时身体向前倾30度。

在表示感谢或道歉时,身体前倾45度鞠躬。

3. 错误的鞠躬方式

只弯头的鞠躬;不看对方的鞠躬;头部左右晃动的鞠躬;双腿没有并齐的鞠躬;驼背式的鞠躬。

二、握手

握手是商务活动中会见、接待、迎送时常见的礼节。

1. 握手要诀

尊者先伸手,大方对虎口;眼睛看对方,微笑加问候;力度六七分,三五秒就够。

2. 握手姿势

（1）基本握手姿势。行至距握手对象1米处，双腿立正，上身略向前倾，伸出右手，四指并拢，拇指张开与对方相握，握手时用力适度，上下稍晃动三四次，随即松开手，恢复原状。与人握手，神态要专注、热情、友好、自然，面含笑容，目视对方双眼，同时向对方问候。

（2）双手握。久别重逢时，与对方握手的时间可略微长些，还可以同时伸出左手握住对方右手手背，手保持紧握状。

（3）拍肩式。当上级表示对下级的关心或信赖时，可选择这种握手方式。

三、告别语

在日常工作生活中常用告别语以示礼貌。

1. 常用告别语

（1）主客之间的告别语。客人向主人告别时，常伴以"请回""请留步"等语言，主人则以"慢走""恕不相送"等语回应。如果客人是远行，可说"祝你一路顺风""一路平安""代问××好"等告别语。

（2）熟人之间的告别语。如果两家距离较近，可说"有空再来""有时间来坐坐""有空来喝茶"等，也可说"代问家人好"以示礼貌。

（3）大部分场合的告别语。可以使用"再见""Byebye"等比较轻松、自然的告别语。

2. 挥手告别姿势

告别时可用挥手来表达。挥手告别的要点：身体站直，目视对方；可用右手，也可双手并用。